BECK'SCHE TEXTAUSGABEN

Bußgeldkatalog

Bußgeldkatalog

Bußgeldkatalog-Verordnung – BKatV

Textausgabe
mit einer Einführung von
KONRAD BAUER
Abteilungspräsident a. D.
der Bundesanstalt für Straßenwesen

5., neu bearbeitete Auflage
Stand: 15. Juni 2014

www.beck.de

ISBN 978 3 406 67155 5

© 2014 Verlag C. H. Beck oHG
Wilhelmstraße 9, 80801 München
Druck und Bindung: Nomos Verlagsgesellschaft
In den Lissen 12, 76547 Sinzheim

Satz: Druckerei C. H. Beck, Nördlingen
(Adresse wie Verlag)

Gedruckt auf säurefreiem, alterungsbeständigem Papier
(hergestellt aus chlorfrei gebleichtem Zellstoff)

Inhaltsverzeichnis

Einführung VII

1. Bußgeldkatalog-Verordnung 1

2. Punktbewertung nach dem Punktesystem
   (Anlage 13 zu § 40 FeV) 105

Sachverzeichnis 115

Einführung zur Bußgeldkatalog-Verordnung

von Konrad Bauer
Abteilungspräsident a. D. der Bundesanstalt für Straßenwesen
Bergisch Gladbach

Inhaltsübersicht

I. Vorbemerkungen	IX
0. Aktuelles	IX
1. Gesamtsystem Straßenverkehr	IX
2. Verkehrsgesetze	X
II. Nichtbeachtung staatlicher Vorschriften	XI
1. Biologische Gegebenheiten	XII
2. Folgen eines derartigen Fehlverhaltens	XII
3. Verkehrssicherheitsprogramm 2011, weitere Programme	XIII
III. Kontrolle und Sanktion (Enforcement)	XIII
1. Allgemeines	XIII
2. Verkehrsstrafrecht und Ordnungswidrigkeiten	XV
2.1 Verkehrsstraftatbestände werden Ordnungswidrigkeiten	XV
2.2 Verfahren nach dem Ordnungswidrigkeitengesetz	XVII
2.3 Aktuelle Strafbestimmungen zum Straßenverkehr	XVII
2.4 Einspruch gegen Bescheid	XVIII
IV. Bußgeldkatalog-Verordnung – BKatV	XVIII
1. Allgemeines	XVIII
2. Systematik eines Strafgesetzparagraphen	XIX
3. Ordnungswidrigkeit	XIX
4. Gesetzliche Ermächtigung	XIX
5. Aufbau und Inhalt der BKatV	XX
5.1 Aufbau	XX
5.2 Inhalt	XX
6. Verwarnung	XXI
6.1 Allgemeines	XXI

Einführung

6.2 Geringfügige Verkehrsordnungswidrigkeiten	XXII
6.3 Höhe des Verwarnungsgeldes	XXII
V. Anwendung der BKatV	XXII
1. Keine abschließende Regelung	XXIII
2. Gewöhnliche Tatumstände	XXIII
3. Besondere Tatumstände	XXIII
4. Wirtschaftliche Verhältnisse, Opportunitätsprinzip	XXIV
5. Regelgeldbuße	XXIV
6. Regelfahrverbot	XXV
7. Vorläufige Entziehung der Fahrerlaubnis (§ 111a StPO); Fahrverbot (§ 44 StGB), Entziehung der Fahrerlaubnis (§ 69 StGB), Sperre für die Erteilung einer Fahrerlaubnis (§ 69a StGB)	XXVI
8. Bis zum 30.April 2014 geltende Regelung: Verkehrszentralregister, Aufbauseminar, verkehrspsychologische Beratung	XXVI
9. Verfolgungsverjährung	XXVIII
10. Neues Fahreignungsbewertungssystem seit 1.Mai 2014	XXVIII
10.1 Gesetzgebung	XXVIII
10.2 Wesentlicher Inhalt der Reform	XXIX
VI. Entwicklung der BKatV	XXX
1. Geschichte	XXX
2. Änderungen 1989	XXXI
3. Änderungen 2001	XXXI
4. Änderungen 2004	XXXII
5. Änderungen 2009	XXXII
6. Änderungen 2012/2013	XXXIII
7. Änderungen 2013/2014	XXXIII
VII. Bundeseinheitlicher Tatbestandskatalog (BT-KAT-OWI)	XXXIV
VIII. Vollziehende Verwaltung	XXXVI
1. Ordnungsbehörden/Polizei	XXXVI
2. Zuständigkeit der Kommunen für ruhenden Straßenverkehr	XXXVII

Einführung

I. Vorbemerkungen[1]

0. Aktuelles. Im Zusammenhang mit der großen StVO-Reform von 2009/2013 war auch die Bußgeldkatalog-Verordnung – BKatV – sowie der Bußgeldkatalog selbst umfangreich geändert worden; die Punktebewertung nach dem Punktesystem blieb hingegen weitgehend unberührt. Die nach diesen Änderungen neuerdings erfolgte weitere Reform im Straßenverkehrsrecht, die im Wesentlichen seit 1. Mai 2014 in Kraft ist, bringt nunmehr sowohl eine Überarbeitung der BKatV einschließlich der Anlage – auch mit Erhöhung der Verwarnungsgelder – als auch eine grundsätzliche Neuausrichtung des Punktesystems. Die Änderungen erfolgten durch zwei neue Artikel-Gesetze und zwei weitere Artikel-Verordnungen[2].

Zu den aktuellen großen Veränderungen im Fahreignungsbewertungssystem wird insbesondere auf die Ausführungen in den Abschnitten **V. 5** (S. XXIV), **V. 8** (S. XXVI), **V. 10** (S. XXVIII) und **VI. 7** (S. XXXIII) verwiesen.

1. Gesamtsystem Straßenverkehr. Die Bußgeldkatalog-Verordnung bildet ein wichtiges und verwaltungsaufwändiges Rad in dem gewaltigen Uhrwerk des Gesamtsystems Verkehr. Für den Straßenverkehrsteilnehmer in Deutschland steht dieses umfassende Gesamtsystem ineinander greifender Wirkelemente zur Verfügung, das ihm ermöglicht, zum jeweiligen gewünschten Ziel zu gelangen – und dies möglichst sicher, zügig und umwelt- sowie energieschonend:
– Da ist das Bauwerk Straße, das nach einem komplexen technischen Regelwerk gebaut wurde und das mit Straßenzubehör aller Art wie z. B. Verkehrsampeln oder Straßenmarkie-

---

[1] Im Artikel genannte Zahlen stammen aus allgemein zugänglichen Quellen wie von Pressemitteilungen und sonstigen Veröffentlichungen des Bundesverkehrsministeriums, der Bundesanstalt für Straßenwesen oder des Statistischen Bundesamts.

[2] Gesetz zur Änderung des Güterkraftgesetzes und anderer Gesetze vom 17. 6. 2013 BGBl I 2013, S. 1558; Fünftes Gesetz zur Änderung des Straßenverkehrsgesetzes und anderer Gesetze vom 30. 8. 2013 BGBl I, Nr. 52, S. 3313; hier nichtamtliche Abkürzung: 5. StVÄndG; Neunte Verordnung zur Änderung der Fahrerlaubnis-Verordnung und anderer straßenverkehrsrechtlicher Vorschriften vom 11. 11. 2013 BGBl I, Nr. 66, S. 3920; hier nichtamtliche Abkürzung: 9. FeÄndV; Zehnte Verordnung zur Änderung der Fahrerlaubnis-Verordnung und anderer straßenverkehrsrechtlicher Vorschriften vom 23. 4. 2014 BGBl I, Nr. 15, S. 348; hier nichtamtl. Abkürzung: 10. FeÄndG.

Einführung

rungen oder Bodenschwellen versehen ist. Ein diffiziles Flechtwerk von Maßnahmen durch die Straßenbau- und Straßenverkehrsverwaltungen und durch die Privatwirtschaft tragen zu Bau, Erhaltung, Unterhaltung und Verbesserung dieser Straßeninfrastruktur bei.
- Auf diesen Straßen verkehren Fahrzeuge, die technisch aufwändig konzipiert und konstruiert wurden und die umfassend, vielfach und kostspielig getestet und überprüft und technisch überwacht sind.
- Der Verkehrsteilnehmer nutzt dieses System; er ist seit frühester Jugend mit dem Verkehrsablauf vertraut gemacht worden, von den Eltern, der Verkehrspolizei, im Kindergarten, in der Schule, im Fahrunterricht, durch Aktionen des Deutschen Verkehrssicherheitsrats, der Massenmedien, der Automobilclubs und vieler anderer Betriebe und Institutionen, die verkehrssicherheitsbezogene Aktionen durchführen.
- Gesetzliche Regelungen, Verwaltungsvorschriften und -maßnahmen bilden den allumfassenden Überbau für dieses Gesamtsystem. Auch die hier zu erörternde Verordnung über die Erteilung einer Verwarnung, Regelsätze für Geldbußen und die Anordnung eines Fahrverbots wegen Ordnungswidrigkeiten im Straßenverkehr[3] und ihre Anlage zählt dazu.

2. Verkehrsgesetze. Regeln, die den Ablauf des Verkehrs auf Straßen ordnen, sind überall dort nötig, wo ein Zusammenleben von Menschen ohne diese Regeln nicht oder nur sehr erschwert möglich ist. Dies war im Laufe der Geschichte ursprünglich nur in eng bebauten Städten oder für Flaschenhalssituationen (z. B. bei Brücken) der Fall, so dass dafür Regeln getroffen wurden. Mit der extremen Zunahme der Bevölkerung und des Verkehrs seit der Zeit der Industrialisierung mussten immer mehr und detailliertere Bestimmungen im Zusammenhang mit dem Straßenverkehr gefunden werden. Hier sei für viele andere Regelungen aus jener Zeit die Polizeiverordnung des Oberbürgermeisters der Stadt Bonn vom 18. Juni 1845 aufgeführt, durch die bereits eine strafbewährte Geschwindigkeitsbeschränkung sowie ein Beleuchtungsgebot für Fahrzeuge festgelegt wurde. Dort heißt es z. B.

„bei Strafe von 1 bis 3 Thlr. wird befohlen

---

[3] Bußgeldkatalog-Verordnung – BKatV vom 14. März 2013 BGBl. I S. 498.

Einführung

ad 1. das Schrittfahren, nicht nur beim Einbiegen um eine Straßenecke, sondern auch in der Bischofsgasse, ... (etwa 20 Straßennamen der Stadt Bonn werden hier aufgezählt);

ad. 4 dass alle Wagen, Chaise-Equipagen und Omnibusse, wenn sie Abends oder während der Nacht fahren, ohne Rücksicht auf Mondschein, mit erleuchteter Laterne versehen sein sollen."[4]

Die Regelungsdichte nahm aber insbesondere seit der Erfindung der mit Motor betriebenen Fahrzeuge gegen Ende des 19ten Jahrhunderts noch erheblich zu.

Hierzu gehörten Haftungsbestimmungen, die das neu eingeführte BGB ergänzten; sie mündeten insbesondere ein in spätere Paragraphen des Straßenverkehrsgesetzes – StVG –; ergänzend wurde das Pflichtversicherungsgesetz eingeführt. Dazu kamen Bestimmungen, die technische Vorgaben bei der Fahrzeugherstellung und bei seinem Betrieb im Interesse der Vermeidung von Unfällen enthielten; sie finden nunmehr insbesondere in der Straßenverkehrszulassungsordnung – StVZO – ihren Ausdruck. Zunehmend waren aber Regeln erforderlich, die das Verhalten der Teilnehmer im Straßenverkehr betrafen und die hoheitliches Eingreifen durch die Verwaltung in Form der Vollzugspolizei festlegten. So hat sich z.B. die StVO entwickelt.[5] Neben der StVO sind dies insbesondere die Fahrerlaubnis-Verordnung – FeV – und das Fahrlehrergesetz. Durch einen Blick in die entsprechenden nichtamtlichen Gesetzessammlungen[6] kann ein Eindruck über die Vielzahl der häufig sehr ins Einzelne gehenden und deshalb meist sehr umfänglichen Gesetze und Verordnungen gewonnen werden.

II. Nichtbeachtung staatlicher Vorschriften

1. Biologische Gegebenheiten. Den biologischen Gegebenheiten der Menschen entsprechend halten sich viele Verkehrsteilnehmer – insbesondere aber junge Männer mit beginnender Pubertät bis etwa Mitte zwanzig – nicht freiwillig an

---

[4] Aus: M. Schlönbach: Zusammenstellung der Gesetze, Verordnungen, Instruierungen und Reglements im Kreis Bonn; Bonn, 1868.
[5] Zur Entstehungsgeschichte der StVO – vgl. Konrad Bauer, Einführung zur Straßenverkehrsordnung C. H. Beck Verlag München 12. Aufl. 2013).
[6] Z.B. Loseblatt-Textsammlung „Straßenverkehrsrecht" des C. H. Beck Verlags, München.

XI

Einführung

staatlich vorgegebene Bestimmungen. Staatliche Bestimmungen für den Straßenverkehr werden unabhängig von ihrer Sinnhaftigkeit umso weniger dann eingehalten, wenn der jeweilige Verkehrsteilnehmer nicht zur Beachtung dieser Bestimmungen erzogen wurde, oder wenn sein vorschriftswidriges Verhalten gesellschaftlich toleriert bzw. als selbstverständlich akzeptiert wird oder wenn in diesem Sinne negative Vorbilder existieren, die sich entsprechend vorschriftswidrig verhalten. Als weit bekannte negative Beispiele für Viele können die Autofahrer in den Städten Brüssel, Kairo und Mumbai angeführt werden. Häufig wird dieses Verhalten auch begleitet von einer Falscheinschätzung der Verkehrssituation, der Einsatzmöglichkeit des eigenen Fahrzeugs und des eigenen Fahrkönnens. Gehäuft kommen derartige Falscheinschätzungen vor, wenn die Verkehrsteilnehmer unmittelbar nach einem Autorennen oder nach einem Diskotheken-Besuch am öffentlichen Verkehr teilnehmen oder wenn sie kurz zuvor Alkohol oder Drogen konsumiert haben.

2. Folgen eines derartigen Fehlverhaltens. Ein derartiges Fehlverhalten von Verkehrsteilnehmern führt häufig zu Verkehrsunfällen. Von den in Deutschland jährlich von der Polizei erfassten 2,4 Mio. Verkehrsunfällen erleidet in etwa 370 000 Fällen zumindest ein Beteiligter eine Körperverletzung. Besonders häufig führen dabei folgende Fehlverhalten von Verkehrsteilnehmern zu gravierenden Unfällen:

- Abbiegen, Wenden, rückwärts Fahren, Ein- und Anfahren (ca. 60 000 Fälle),
- Nicht angepasste Geschwindigkeit (ca. 60 000 Fälle)
- Nichtbeachtung der Vorfahrt (ca. 60 000 Fälle)
- Ungenügender Sicherheitsabstand (ca. 45 000 Fälle)
- Falsche Straßenbenutzung (ca. 28 000 Fälle)
- Alkoholkonsum (ca. 17 000 Fälle)

Bei Folgerungen aus diesen aufgeführten Zahlen muss man sich der Relativität bei deren Ermittlung bewusst sein. Es können mehrere dieser Gründe nebeneinander bei einem Unfall zutreffen. Die Ursachen eines jeweiligen Falls werden – zwangsläufig – immer erst nach dem Unfall von Seiten der, allerdings in dieser Materie erfahrenen und geschulten, Polizeibeamten als die wahrscheinlichsten eingeschätzt und den jeweiligen Kategorien zugeordnet.

In Deutschland sterben bei diesen Unfällen jährlich weniger als 4tausend Menschen. Die Zahl der Unfalltoten hat sich seit

Einführung

dem Jahr 1970, in dem über 20 000 Verkehrstote im Jahr allein in der damaligen Bundesrepublik zu beklagen waren, immer weiter auf die im Jahr 2013 erreichte Zahl von 3340 herunter bewegt. Trotz Deutschlands relativ hoher Zahl an Kraftfahrzeugen (rund 50 Mio.) ist diese Zahl der jährlichen Verkehrstoten im internationalen Vergleich niedrig.

3. Verkehrssicherheitsprogramm 2011, weitere Programme. In ihrem Verkehrssicherheitsprogramm 2011 erklärt die Bundesregierung als „Kernziel einer erfolgreichen Verkehrssicherheitsarbeit, die Zahl der Getöteten, Schwer- und Schwerstverletzten im Straßenverkehr kontinuierlich zu senken." Und als Leitgedanken: „Jeder Verkehrstote ist einer zu viel." In den Aktionsfeldern „Mensch", „Infrastruktur", „Fahrzeugtechnik" werden eine Vielzahl von Aktionen aufgeführt, die dazu beitragen können, dass künftig keine Verkehrsunfälle passieren bzw. wenn sie passieren, dass sie glimpflicher ablaufen als vor diesen Aktionen. In dem Programm wird mehrfach betont, dass erfolgreiche Verkehrssicherheitsarbeit eine gesamtgesellschaftliche Aufgabe ist und dass das Programm sich deshalb „auch als Orientierungsrahmen für entsprechende programmatische Ansätze der Bundesländer sowie privater Institutionen versteht."

In ihrem Weißbuch vom 12. September 2001 „Die Europäische Verkehrspolitik bis 2010: Weichenstellungen für die Zukunft" hat die Europäische Kommission sich das Ziel gesetzt, die Zahl der Verkehrstoten auf den Straßen in den 27 Mitgliedstaaten mit ihren rund 500 Millionen Einwohnern zwischen 2001 und 2010 zu halbieren. Auf der Grundlage dieses, die gesamte EU betreffenden Ziels strebt nun das Bundesverkehrsministerium „als Zielperspektive die Reduktion der Getötetenzahlen bis 2020 um 40 Prozent in Deutschland" an. Weltweit existieren ähnliche Empfehlungen (vgl. hierzu von WHO und Weltbank: World Report on Road Traffic Injury Prevention, 2011–2020); hier gibt es auch, wie in der Moskauer Deklaration der Verkehrsminister von 19.–20. November 2009, die anspruchsvolle „Zero Vision" bzw. „Towards Zero Vision", also das anzustrebende Ziel, dass kein Mensch mehr durch einen Verkehrsunfall umkommt.

III. Kontrolle und Sanktion (Enforcement)

1. Allgemeines. Die Maßnahmen zur Verkehrssicherheitsarbeit umfassen den weiten Bereich der Verbesserung der Stra-

Einführung

ßeninfrastruktur und der Fahrzeuge, die darauf fahren – international als „Engineering" bezeichnet – sowie die präventive und nachfolgende Verkehrssicherheitsarbeit, die in all ihren Facetten den Verkehrsteilnehmer direkt ansprechen wird – international als „Education" bezeichnet. Da sich viele Bürger in Deutschland wie in der Welt nicht freiwillig an die gesetzlichen Vorschriften halten, also z. B. die StVO-Bestimmungen nicht freiwillig beachten, ist die polizeiliche bzw. ordnungsamtliche Überwachung erforderlich. Werden bei der Überwachung nicht tolerierbare Verstöße festgestellt, so sind möglichst umgehende Sanktionen erforderlich. Überwachung einschließlich Sanktion wird international als „Enforcement" bezeichnet.[7]

Der Bußgeldkatalog und das weitere Fahreignungsbewertungssystem sind im weit überwiegenden ein Teil des Systems „Enforcement".

Diesem geschilderten System hält H.-J. Vollpracht seinen sehr ambitionierten Ansatz[8] entgegen, indem er formuliert: „Jahrzehnte lang sollte im Weg von Versuch und Irrtum der Mensch durch Erziehung und auch verkehrspolizeilichen Druck an die technischen Subsysteme des Straßenverkehrs angepasst werden". Es sei vielmehr zu fragen, ob die Erkenntnisse zu den menschlichen Fähigkeiten und Grenzen im Straßenverkehrssystem (Deutschlands) bereits Zugang zu den technischen Regelwerken des Verkehrssicherheitsmanagements sowie in das Straßen- und Verkehrsrecht gefunden hätten.

Dieser Ansatz von Vollpracht kann die Vielseitigkeit des umfassenden Verkehrssystems nur teilweise abdecken. Zwar ist es zu wünschen, dass die von Vollpracht angestrebte „verzeihende Straße" so weit wie finanziell und ökologisch möglich, in unserem Alltagsverkehrsleben Eingang findet. Eine Gummi-Zelle, in der der Verkehrsteilnehmer sich und andere trotz eigenem Falschverhalten nicht verletzen kann, wird die Straße auch bei umfassender Berücksichtigung der Ideen von Vollpracht (und von seinen Unterstützern) jedoch nie werden. Bei der Straßenverkehrs-Sicherheitsarbeit werden also auch weiterhin die von Vollpracht negativ titulierten Education und Enforcement nötig sein.

---

[7] Siehe insbesondere Günzel-Ketzner-Koslowsky-Mönnighoff: Verkehrslehre 11. Aufl. Hilden 2009 S. 226 ff.

[8] Vollpracht, H. J.: Der Systemansatz zur Verkehrssicherheit in Deutschland; in: Bauer, Konrad, Franz-Rudolf Herber, Recht und Technik II Köln 2011 S. 159 Abschnitt 1 a. E.

Einführung

Von besonderer Bedeutung ist natürlich ein angemessenes Verhalten der Verkehrsteilnehmer selbst. Zu Recht führt das Verkehrssicherheitsprogramm 2011 der Bundesregierung wörtlich aus:

… „Alle (Verkehrsteilnehmer) tragen Verantwortung, jeder ist angesprochen und gefordert, Unfällen und Verletzungen vorzubeugen. Das Gebot des rücksichtsvollen Verhaltens ist im Straßenverkehr besonders zwingend. Die bewusste Missachtung von Verkehrsregeln ist kein Kavaliersdelikt. Jeder Einzelne hat die Aufgabe und die Verantwortung, sich so im Straßenverkehr zu verhalten, dass keine anderen Personen gefährdet oder geschädigt werden."

Diesen Ausführungen wäre folgerichtig hinzuzufügen, dass bei einer Missachtung der Verkehrsregeln die entsprechenden Sanktionen durch die zuständigen Behörden zu erfolgen haben, soweit nicht diese Missachtung wegen ihrer Geringfügigkeit tolerierbar ist. Für die zuständigen Behörden ist dies eine ständige Herausforderung der Bewährung. Die chaotischen und damit erhöhte Gefahr hervorrufenden Verkehrsverhältnisse in vielen Städten der Welt sind häufig auch wesentlich darauf zurückzuführen, dass die jeweiligen Verkehrspolizeibehörden nicht ausreichend geschult sind, oder dass die jeweiligen Vorgesetzten ihre Einsatzkräfte nicht ausreichend überwachen bzw. ihnen bei ihren Entscheidungen im Einsatz nicht ausreichend den Rücken stärken.

2. Verkehrsstrafrecht und Ordnungswidrigkeiten

2.1 Verkehrsstraftatbestände werden Ordnungswidrigkeiten. Im September des Jahres 1967 ging das folgende Ereignis durch die bundesdeutsche Presse: Der Amtsgerichtsrat Gründler hatte an einem Verhandlungstag am Amtsgericht Erlangen 25 Strafurteile zu fällen; die weit überwiegende Anzahl davon waren Bagatellstrafsachen auf dem Gebiet des Straßenverkehrs, für die das in der Strafprozessordnung aufwändig gestaltete rechtsstaatliche Strafverfahren wie das Schießen mit Kanonen auf Spatzen wirkte. Im Durchschnitt hatte jedes Verfahren lediglich knapp 17 Minuten gedauert. Das Bekanntwerden des Zeitplans dieses total überfrachteten Sitzungstages wirkte wie ein Katalysator für die Forderung von Experten des Verkehrs-Strafrechts, in der Bundesrepublik Deutschland bei einfachen

Einführung

Verkehrsverstößen ein vom Strafrecht abgekoppeltes Verwaltungs-Bußgeldverfahren durchzuführen. Von einem „Volk der vorbestraften Autofahrer" wurde in der Öffentlichkeit gesprochen, weil jährlich rund 1,7 Millionen Strafverfügungen und Strafbefehle in Verkehrssachen ergingen. Die Diskussion darüber wurde schon seit vielen Jahren auf vielen Ebenen geführt. So hatte die „Gemeinsame Straßenverkehrssicherheitskonferenz des Bundes und der Länder" bereits am 23. Mai 1957 erklärt:

> „Die Konferenz empfiehlt, im Straßenverkehrssicherheitsausschuss zu untersuchen, ob die Verfolgung von Verkehrsverstößen dadurch schlagkräftiger gestaltet werden kann, dass im Wege einer Gesetzesänderung bei Verstößen im Straßenverkehr künftig zwischen Tatbeständen, die mit Kriminalstrafe zu ahnden sind, und solchen, die als bloße Ordnungswidrigkeiten zu behandeln sind, unterschieden werden soll." [9]

Etwa 2 Jahre später verabschiedete dieses Gremium folgende ungewöhnlich ungeduldig und dringlich gefasste Entschließung:

> „Die Konferenz hält den Zeitpunkt für gekommen, beschleunigt gesetzgeberische Maßnahmen zur Umstellung von Verkehrsstraftatbeständen auf Ordnungswidrigkeiten auf der Grundlage der von der Kommission des Straßenverkehrssicherheitsausschusses erarbeiteten Vorschläge in Angriff zu nehmen."[10]

Insbesondere zur Klärung dieser Problematik wurde im Jahr 1963 von Richtern, Rechtsanwälten, Vertretern von Ministerien, der Polizei, Versicherungen und Verbänden der Deutsche Verkehrsgerichtstag gegründet. Diese Institution beschäftigte sich daraufhin bei verschiedenen seiner jährlichen Sitzungen in Goslar umfassend mit Aspekten zu diesem Thema.

Erst in der zu grundlegenden Reformen bereiten Zeit der Jahre 1967/1968 wurde dann der seit langem geforderte Schritt getan. Am 24. Mai 1968, also acht Monate nach dem oben geschilderten Erlanger Ereignis, wurde vom Bundesgesetzgeber das neugefasste Ordnungswidrigkeitengesetz[11] – OWiG – erlassen, das insbesondere das Bußgeldverfahren neu geregelt hat. Seit dessen Inkrafttreten am 1. Januar 1969 sind in der großen

---

[9] Zitiert aus Booß, Helmuth: Straßenverkehrsordnung, Köln 1971 S 426.
[10] Siehe Fußnote 8.
[11] BGBl. I S. 481; Inkrafttreten: 1. Oktober 1968.

Einführung

Mehrzahl zur Ahndung der Fälle von Verstößen gegen die Straßenverkehrsordnung, die Straßenverkehrs-Zulassungsordnung und gegen andere gesetzliche Regelungen, die den Straßenverkehr betreffen, nicht mehr die Strafgerichte, sondern die Verwaltungsbehörden zuständig. Seither ist also das Straßenverkehrsrecht weitgehend entkriminalisiert. Dies bedeutet: Bei den meisten Verkehrsdelikten sind die sehr formalistischen Bestimmungen des Strafgesetzbuchs und der Strafprozessordnung insoweit nicht mehr direkt und nicht mehr umfassend anzuwenden; Zuwiderhandlungen gegen StVO-Bestimmungen werden ab dem Jahr 1969 nicht mehr als sog. Übertretungen strafrechtlich verfolgt; die Staatsanwaltschaften sind in der Regel nicht mehr zu beteiligen, weil die Sanktionsmaßnahme durch eine Verwaltungsbehörde durchgeführt wird. Der Täter, der wegen der von ihm begangenen Regelwidrigkeit belangt wird, ist nicht mehr vorbestraft.

2.2 Verfahren nach dem Ordnungswidrigkeitengesetz. Das Verfahren der Ahndung bei Verstößen gegen Vorschriften des Straßenverkehrs läuft seither nach den Vorschriften des Ordnungswidrigkeitengesetzes ab. Gemäß § 47 Abs. 1 OWiG liegt die Verfolgung von Ordnungswidrigkeiten im pflichtgemäßen Ermessen der Verfolgungsbehörde; es gilt also der Opportunitätsgrundsatz. Welche Behörde für die Verfolgung der Verkehrsverstöße zuständig ist, ist in den jeweiligen Bundesländern unterschiedlich geregelt. Weiteres hierzu siehe unten Abschnitt VIII.

2.3 Aktuelle Strafbestimmungen zum Straßenverkehr. Von den generellen Straftatbeständen Fahrlässige Tötung (§ 222 StGB), Fahrlässige Körperverletzung (§§ 229 StGB) und Nötigung (§§ 240 StGB) abgesehen, fallen mit dem Straßenverkehr zusammenhängend folgende Taten in den Bereich des Strafrechts:

- Das unerlaubte Entfernen vom Unfallort (§ 142 StGB),
- Der gefährliche Eingriff in den Straßenverkehr (§ 315 b StGB),
- Die Gefährdung des Straßenverkehrs (§ 315 c StGB),
- Das Fahren unter Einfluss von Alkohol, Drogen und Medikamenten (§ 316 StGB),
- Das Fahren im Vollrausch (§ 323 a StGB),
- Die unterlassene Hilfeleistung (§ 323 c StGB),

Einführung

- Das Fahren ohne Fahrerlaubnis bzw. Fahren trotz Fahrverbot (§ 21 StVG),
- Der Kennzeichenmissbrauch (§ 22 StVG),
- Das Fahren ohne Haftpflichtversicherungsschutz (§ 6 PflVG),
- Die Steuerhinterziehung der Kfz-Steuer (§ 370 AO in Verbindung mit §§ 1, 2 KraftStG).

2.4 Einspruch gegen Bescheid. Ordentliche Strafgerichte haben sich gemäß §§ 67 ff. OWiG allerdings weiterhin mit der Materie zu beschäftigen, falls gegen einen Bußgeldbescheid einer Verwaltungsbehörde (vgl. unten Abschnitt VIII) Einspruch eingelegt wurde. Der Betroffene hat diesen Einspruch gegen den Bußgeldbescheid innerhalb von zwei Wochen nach Zustellung schriftlich oder zur Niederschrift bei der Verwaltungsbehörde, die den Bußgeldbescheid erlassen hat, einzulegen. Ein Einzelrichter beim Amtsgericht, in dessen Bezirk die Verwaltungsbehörde ihren Sitz hat, entscheidet dann über den Einspruch.

IV. Bußgeldkatalog-Verordnung – BKatV

1. Allgemeines. Im Jahr 2001 wurde die neu gefasste Bußgeldkatalog-Verordnung erlassen.[12] Verordnungszweck der BKatV ist es, möglichst einheitliche Beträge für Verwarnungsgelder und Bußgelder in Verkehrssachen in der gesamten Bundesrepublik festzulegen und damit die Verwaltungsbehörden und die Gerichte bei deren Verhängen weitgehend zu binden. Die BKatV ist keine Grundlage dafür, eine Regelwidrigkeit im Straßenverkehr zu ahnden. Der als Teil der BKatV eingeführte Bußgeldkatalog ist also keine Ahndungsregel, sondern eine Zumessungsregel. Verstößt ein Verkehrsteilnehmer gegen eine straßenverkehrsrechtliche Bestimmung, so sind die gesetzlichen Ahndungsgrundlagen, soweit sie nicht in den strafrechtlichen Raum dringen (siehe Abschnitt III 2.3), der § 24 StVG in Verbindung mit § 49 StVO oder § 69a StVZO oder § 75 FeV oder § 5 FerienreiseVO.

---

[12] Verordnung über die Erteilung einer Verwarnung, Regelsätze für Geldbußen und die Anordnung eines Fahrverbots wegen Ordnungswidrigkeiten im Straßenverkehr (Bußgeldkatalog-Verordnung – BKatV) vom 13. 11. 2001 BGBl. I S. 3033.

Einführung

2. Systematik eines Strafgesetzparagraphen. Zur Verdeutlichung soll hier der Regelungszweck der Bestimmungen der BKatV an Hand der Strafgesetzbestimmung § 315c Abs. 1 Nr. 1 Buchst. a StGB erläutert werden:

Zum Beispiel ist der Straftatbestand des § 315c Abs. 1 Nr. 1 Buchstabe a StGB:

„Wer im Straßenverkehr ein Fahrzeug führt, obwohl er infolge des Genusses alkoholischer Getränke … nicht in der Lage ist, das Fahrzeug sicher zu führen, … und dadurch Leib oder Leben eines anderen Menschen oder fremde Sachen von bedeutendem Wert gefährdet, …"

Der Strafrichter hat zu beurteilen, ob dieser Tatbestand der Strafbestimmung durch den Täter verwirklicht wurde. Bejaht er dies, so ist die Rechtsfolge:

„… wird … bestraft."

Der Strafrichter hat dann die Höhe der Strafe festzulegen; er muss also konkret den gesetzlichen Strafrahmen

„… mit Freiheitsstrafe bis zu fünf Jahren oder mit Geldstrafe …"

durch eine genaue Festlegung der Strafe ausfüllen.

3. Ordnungswidrigkeit. Auch die Bestimmungen, die eine zu ahndende Ordnungswidrigkeit beschreiben, sind entsprechend der in vorgenannter Nr. 2 beschriebenen Strafgesetz-Systematik aufgebaut.

Die z.B. in § 49 StVO aufgeführten Ordnungswidrigkeiten-Tatbestände können durch sehr voneinander abweichende Handlungen verwirklicht werden. Da der Ahndungsrahmen im OWiG zwangsläufig sehr groß ist, dieses aber den Zielen der weitgehenden Gleichbehandlung bei Ordnungswidrigkeiten im Straßenverkehrsbereich widerspricht, wurde der Bußgeldkatalog erlassen, der nunmehr in Form einer Verordnung in allen „Normalfällen" von Behörden und Gerichten bindend zu beachten ist.

4. Gesetzliche Ermächtigung. Beim Erlass der BKatV wurde von der Regelung in § 26a StVG Gebrauch gemacht, wonach das Bundesverkehrsministerium ausdrücklich ermäch-

Einführung

tigt wird, eine Rechtsverordnung mit Zustimmung des Bundesrats zu erlassen über die Erteilung einer Verwarnung, Regelsätze für Geldbußen und Anordnung eines Fahrverbots. Hierdurch wird der § 58 Abs. 2 OWiG konkretisiert. Wenn bei bestimmten Ordnungswidrigkeiten im Hinblick auf ihre Häufigkeit und Gleichartigkeit eine möglichst gleichmäßige Behandlung angezeigt ist, sollen allgemeine Ermächtigungen an Verwaltungsangehörige und Beamte des Polizeidienstes zur Erteilung einer Verwarnung nähere Bestimmungen darüber enthalten, in welchen Fällen und unter welchen Voraussetzungen die Verwarnung erteilt und in welcher Höhe das Verwarnungsgeld erhoben werden soll.

5. Aufbau und Inhalt der BKatV

5.1 Aufbau. Die BKatV besteht aus 5 Paragraphen:
- § 1 Bußgeldkatalog
- § 2 Verwarnung
- § 3 Bußgeldregelsätze
- § 4 Regelfahrverbot
- § 5 Inkrafttreten, Außerkrafttreten

In § 1 wird auf die Anlage Bezug genommen, deren wichtigster Teil der Bußgeldkatalog ist.

Der Bußgeldkatalog ist in zwei große Abschnitte geteilt:
- Abschnitt I: Fahrlässig begangene Ordnungswidrigkeiten und
- Abschnitt II: Vorsätzlich begangene Ordnungswidrigkeiten.

Weiter gehören zum Anhang die
- Tabelle 1 Geschwindigkeitsüberschreitungen,
- Tabelle 2 Nichteinhalten des Abstands von einem vorausfahrenden Fahrzeug,
- Tabelle 3 Überschreiten der zulässigen Achslast oder des zulässigen Gesamtgewichts von Kraftfahrzeugen, Anhängern, Fahrzeugkombinationen sowie der Anhängelast hinter Kraftfahrzeugen,
- Tabelle 4 Erhöhung der Regelsätze bei Hinzutreten einer Gefährdung oder Sachbeschädigung.

5.2 Inhalt. In der Anlage zu § 1 BKatV, also im eigentlichen Bußgeldkatalog, sind die maßgeblichen Ahndungsvorschriften für Ordnungswidrigkeiten nach §§ 24, 24a und § 24c StVG aufgeführt; außerdem die Erteilung einer Verwarnung (§ 56 OWiG) für Ordnungswidrigkeiten nach § 24 StVG, für die im

Einführung

Bußgeldkatalog ein Regelsatz bis zu 55 Euro[13] bestimmt ist und ein Verwarnungsgeld erhoben wird. Verhält sich ein Verkehrsteilnehmer also insoweit verkehrswidrig, handelt er auch ordnungswidrig und kann durch Verwaltungsbehörden entsprechend nach dem OWiG verfolgt werden. Ziel der mit dem Recht der Verkehrsordnungswidrigkeiten befassten Stellen ist es, durch eine möglichst weitgehende Rückführung der großen Vielfalt von möglichen Tatumständen auf „gewöhnliche Tatumstände" eine möglichst große Gleichbehandlung der Verkehrsteilnehmer, die gegen Verkehrsbestimmungen verstoßen haben, zu erreichen. Für diese „gewöhnlichen Tatumstände" sollte entsprechend ein möglichst festgelegter Sanktionsmaßstab gefunden werden. Zusätzlich ist es dem Bürger möglich, sich von vornherein darüber zu unterrichten, mit welcher Sanktionsmaßnahme seitens der Behörden er bei einem Verkehrsverstoß zu rechnen hat. Daneben hat der Bußgeldkatalog die weitere besondere Bedeutung: Für die Registrierung im Fahreignungsregister – FAER –[14] eines Verstoßes ist stets nur der Regelsatz für die betreffende Verkehrswidrigkeit aus dem Bußgeldkatalog maßgeblich (§ 28a Satz 2 StVG).

Die Verwaltungsbehörden von Bund und Ländern haben deshalb unter der Federführung des Kraftfahrt-Bundesamts einen gemeinsamen bundeseinheitlichen Tatbestandskatalog – BT-KAT-OWI – erarbeitet. Vgl. unten Abschnitt VII.

Für gewöhnliche Tatumstände sind in der BKatV die Höhe der Regelsätze für Verwarnungs- oder Bußgelder bei diesen Verkehrsordnungswidrigkeiten festgelegt. Weichen die zu ahndenden Tatumstände nicht von gewöhnlichen Tatumständen ab, so sind Verwaltung und Gerichte an diese, im BKatV festgelegten Beträge gebunden.

Dabei gehen die Regelsätze, die in Abschnitt I der BKatV aufgeführt sind, von fahrlässiger Begehung und gewöhnlichen Tatumständen und diejenigen, die in Abschnitt II der BKatV aufgeführt sind, von vorsätzlicher Begehung und gewöhnlichen Tatumständen aus.

6. Verwarnung

6.1 Allgemeines. Nach § 56 Abs. 1 OWiG kann bei geringfügigen Ordnungswidrigkeiten die Verwaltungsbehörde den

---

[13] neu durch 9. FeÄndV Artikel 4
[14] neue Bezeichnung durch 5. StVÄndG

Einführung

Betroffenen verwarnen. Sie kann die Verwarnung ohne Verwarnungsgeld erteilen; die BKatV spricht in solchen Fällen von unbedeutenden Ordnungswidrigkeiten. Sie kann aber auch ein Verwarnungsgeld von fünf bis € 55,–[15] erheben.

Durch die Erteilung einer Verwarnung, ggf. unter Erhebung eines Verwarnungsgeldes, kann ein Ordnungswidrigkeiten-Verfahren im so genannten vereinfachten Verfahren erledigt werden. Kosten (Gebühren und Auslagen) werden dann nicht erhoben. Für den Betroffenen ergibt sich der Vorteil, dass das Verfahren damit gem. § 56 Absatz 4 OWiG abgeschlossen ist. Dem Ziel der unmittelbaren Sanktion und damit der höchstmöglichen speziellen Abschreckung trägt die Regelung am besten Rechnung. Sie ist deshalb auf eine sofortige Bezahlung bzw. eine Zahlung innerhalb einer Woche beschränkt. Allerdings ist vorher eine Belehrung des Betroffenen über sein Weigerungsrecht durchzuführen und natürlich muss der Betroffene vorher überhaupt ermittelt sein. In § 2 BKatV ist ausführlicher dargestellt, wie die Verwarnungen bei Verkehrsverstößen gestaltet werden sollen.

6.2 Geringfügige Verkehrsordnungswidrigkeiten. Die in der BKatV aufgeführten Verwarnungsgeldtatbestände sind Beispiele für geringfügige Verkehrsordnungswidrigkeiten. Grob verkehrswidriges Verhalten oder Rücksichtslosigkeit schließt die Ahndung als geringfügige Verkehrsordnungswidrigkeit aus.

6.3 Höhe des Verwarnungsgeldes. Bei Verkehrsordnungswidrigkeiten legt die BKatV die Verwarnungsgelder nur in Höhe von 5, 10, 15, 20, 25, 30, 35, 40, 45, 50 oder 55 Euro[16] fest. Die verkehrswidrige Tat ist an Hand des TB-Kat-OWi einzuordnen. Soweit eine Tat nicht den katalogisierten Tatbeständen zugeordnet werden kann, ist von den für vergleichbare Tatbestände festgesetzten Regelsätzen auszugehen. Die wirtschaftlichen Verhältnisse des Betroffenen bleiben in der Regel unberücksichtigt.

V. Anwendung der BKatV[17]

Bei der Anwendung der BKatV, also bei der Zumessung von Verwarnungsgeldern bzw. Bußgeldern, sind u. a. folgende Gesichtspunkte zu berücksichtigen:

---

[15] neuer Höchstbetrag durch 9.FeÄndV Artikel 4
[16] Beträge neu festgelegt durch 9.FeÄndV Artikel 4
[17] Vgl. hierzu Michael Burmann, Bußgeldkatalog 3. Aufl München 2009.

Einführung

1. Keine abschließende Regelung. Der Bußgeldkatalog enthält nicht sämtliche möglichen Verstöße im Straßenverkehr. Er bezieht sich auf die Verkehrsverstöße, die für die Verkehrssicherheit bedeutsam und die besonders häufig sind. Insbesondere die wichtigsten Verkehrsverstöße wie Verstöße gegen die 0,5 Promille-Regelung, Falschparken, Geschwindigkeitsüberschreitungen, Vorfahrtsverletzungen, Rotlichtverstöße und Abstandsunterschreitungen sind in der Bußgeld-Verordnung geregelt. Die BKatV stellt also keine abschließende Regelung dar. Die Bundesländer können insbesondere bei geringfügigen Verkehrsordnungswidrigkeiten (§ 56 OWiG) im Interesse der Einheitlichkeit des Verwaltungsvollzuges weiterhin ergänzende landesinterne Regelungen solcher Tatbestände treffen, die nicht in die Bußgeldkatalog-Verordnung aufgenommen worden sind.

2. Gewöhnliche Tatumstände. In § 1 Abs. 2 der BKatV wird ausdrücklich festgestellt, dass die im Bußgeldkatalog bestimmten Beträge „Regelsätze" sind, die von gewöhnlichen Tatumständen ausgehen. Diese festen Sätze können durch die Bundesländer in eigenen Katalogen nicht abgeändert werden.

Da der Bußgeldkatalog in Form einer Rechtsverordnung erlassen worden ist, sind die zuständigen Behörden und Gerichte an die Katalogsätze als Regelsätze gebunden. In Abschnitt I des Bußgeldkatalogs gehen sie von fahrlässiger Begehung und gewöhnlichen Tatumständen aus, im Abschnitt II des Bußgeldkatalogs von vorsätzlicher Begehung und gewöhnlichen Tatumständen. Darunter sind Fälle zu verstehen, die von den Tatumständen her weder als auffällig schwer noch als außergewöhnlich unbedeutend in Erscheinung treten.

3. Besondere Tatumstände. Ein Abweichen von den Regelsätzen ist hingegen dann anzunehmen, wenn der Verkehrsverstoß Besonderheiten aufweist. Dies liegt zum Beispiel dann vor, wenn ein anderer Verkehrsteilnehmer den Verkehrsverstoß mitverschuldet hat. Eine Abweichung ist aber auch denkbar, wenn in der Person des Betroffenen Besonderheiten vorliegen. So können zum Beispiel Voreintragungen der Person im Verkehrszentralregister ein erschwerender Umstand sein; eine langjährige unbeanstandete Fahrpraxis kann sich hingegen als mildernd auswirken. Ein Abweichen von diesen normalen Tatumständen liegt jedenfalls vor, wenn dem Betroffenen ein vorsätzlicher Verstoß gegen eine Verkehrsvorschrift zur Last gelegt wird, für den ein Bußgeldregelsatz von mehr als 55 Euro vorge-

Einführung

sehen ist; dann sind kraft Verordnung die Regelsätze zu verdoppeln (§ 3 Abs. 4a S. 1 BKatV).

4. Wirtschaftliche Verhältnisse, Opportunitätsprinzip. Wirtschaftliche Verhältnisse sind bei den Verkehrsordnungswidrigkeiten grundsätzlich nur ausnahmsweise zu berücksichtigen. Im Einzelfall wird man bei hohen Regelgeldbußen-Beträgen prüfen müssen, ob sie bei den finanziellen Verhältnisse des Betroffenen unverhältnismäßig sind.

Die Bußgeldbehörden bzw. die Verkehrsordnungbehörden müssen nicht jeden Verstoß ahnden. Im Verkehrsordnungswidrigkeiten-Verfahren gilt das in § 47 OWiG normierte Opportunitätsprinzip. Es besteht somit keine Verpflichtung, ein Bußgeldverfahren einzuleiten und durchzuführen. Vielmehr muss die Verfolgungsbehörde nach pflichtgemäßem Ermessen entscheiden. Das Ordnungswidrigkeiten-Verfahren unterscheidet sich insoweit vom Strafverfahren, bei dem die Staatsanwaltschaft grundsätzlich zur Verfolgung strafbarer Handlungen verpflichtet ist. Die Verwaltungsbehörde kann bei einer unklaren Sachlage von einer weiteren Verfolgung Abstand nehmen. Dieses bietet sich gerade dann an, wenn die Aufklärung mit erheblichen Schwierigkeiten oder Kosten verbunden ist. Ein Absehen von einer Verfolgung kann aber auch bei sogenannten Formalverstößen in Betracht kommen. Denkbar ist dies z. B. bei geringfügigen Geschwindigkeitsüberschreitungen, folgenlosen Verstößen gegen das Rechtsfahr-Gebot oder bei besonderen Umständen in der Person des Täters. Die Verwaltungsbehörde muss hierbei aber den Grundsatz der Gleichbehandlung beachten. Der Gleichheitssatz wird nicht verletzt, wenn die Verwaltungsbehörde die Verfolgung von Verkehrsordnungswidrigkeiten nach Schwerpunkten ausrichtet und sich auf erhebliche Verkehrsverstöße konzentriert.

5. Regelgeldbuße. § 3 BKatV enthält die Regelungen zur Bemessung der Regelgeldbuße. Da der BKat nicht mehr in systematischer Hinsicht zwischen Verwarnungsgeldern und Bußgeldern unterscheidet, werden die nach wie vor bestehenden Unterschiede zwischen den Zumessungsregelungen bei Verwarnungsgeldern und Bußgeldern im Regelungstext ausdrücklich hervorgehoben. § 3 Abs. 3, 5 und 6 erhält damit die Einschränkung, dass die dort getroffenen Regelungen nur für Regelsätze gelten, die mehr als € 55,–[18] betragen. Bedeutung

---

[18] Betrag neu festgelegt durch 9.FeÄndV Artikel 4

gewinnen diese Regelungen für die Erhöhung der Regelgeldbußen bei Vorliegen einer Gefährdung oder Sachbeschädigung nach § 3 Abs. 3 in Verbindung mit Tabelle 4 des Anhangs der BKatV. Aus den Regelungen des § 3 BKatV kann man nicht ableiten, dass eine Erhöhung von Verwarnungsgeldregelsätzen nicht möglich ist, wenn eines der in § 3 Abs. 3, 5, 6 BKatV aufgeführten Merkmale hinzutritt. Die Behörden können hier weiterhin nach pflichtgemäßem Ermessen verfahren.

6. Regelfahrverbot. § 4 BKatV enthält die Bestimmungen für die Verhängung eines Regelfahrverbotes. Grundsätzlich kann gemäß § 25 StVG ein Fahrverbot immer dann verhängt werden, wenn ein Kraftfahrzeugführer eine Verkehrsordnungswidrigkeit im Sinne des § 24 StVG begangen hat und dabei seine Pflichten als Kraftfahrzeugführer grob und beharrlich verletzt hat. In diesen Fällen muss das Gericht allerdings gemäß § 4 Abs. 4 immer prüfen, ob nicht ausnahmsweise auch eine erhöhte Geldbuße ausreicht, um den Kraftfahrer zur Besinnung auf seine Pflichten im Straßenverkehr hinzuweisen. Die Regelfahrverbote des § 4 BKatV enthalten andererseits eine vom Gesetzgeber vorgenommene Vorbewertung, da sie nur besonders gefährliche Verhaltensweisen betreffen, deren Begehung in objektiver und subjektiver Hinsicht in der Regel ein Fahrverbot indiziert. Der Bußgeldrichter muss sich daher mit der Frage, ob der Verkehrsverstoß auch subjektiv eine grobe Pflichtverletzung des Kraftfahrzeugführers darstellt, nur dann auseinandersetzen, wenn auf Grund der Einlassung des Betroffenen dazu Anlass besteht. Ein Ausnahmefall kann dann vorliegen, wenn die Tat sehr lange zurückliegt oder beispielsweise sich zu Zeiten besonders schwachen Verkehrsaufkommens ereignete. Praktisch bedeutsam sind auch die Fälle, in denen die Verhängung eines Fahrverbotes zum Verlust des Arbeitsplatzes oder zur Gefährdung der wirtschaftlichen Existenz führen würde.

Regelfahrverbote sind nach der BKatV vorgesehen insbesondere bei folgenden Fällen:
– Geschwindigkeitsüberschreitungen um mehr als 30 km/h innerorts oder mehr als 40 km/h Außerorts
– eine zweite Geschwindigkeitsüberschreitung von mehr als 25 km/h innerhalb eines Jahres nach Rechtskraft des ersten Verstoßes

Einführung

- Unterschreiten des Sicherheitsabstandes um weniger als $3/10$ des halben Tachowertes bei Geschwindigkeiten von mehr als 80 km/h
- Überholen und Fahrstreifenwechsel mit Gefährdung oder Sachbeschädigung
- Überfahren des Rotlichts nach mehr als 1 Sekunde Rotlicht oder unter Gefährdung anderer
- Führen eines Kraftfahrzeuges im Straßenverkehr mit 0,5 Promille oder mehr Alkohol im Blut oder 0,25 mg/l Alkohol in der Atemluft.

Alleinige Rechtsgrundlage für die Verhängung eines Fahrverbotes bei Verkehrsordnungswidrigkeiten bleibt auch unter Geltung der BKatV der § 25 StVG (BGH NZV 1992, 117; BGH NZV 1992, 286). Er ist in den Rechtsgrundlagen bei denjenigen Tatbeständen, die mit einem Regelfahrverbot verbunden sind, besonders erwähnt.

7. Vorläufige Entziehung der Fahrerlaubnis (§ 111a StPO); Fahrverbot (§ 44 StGB), Entziehung der Fahrerlaubnis (§ 69 StGB), Sperre für die Erteilung einer Fahrerlaubnis (§ 69a StGB). Neben dem Regelfahrverbot (siehe oben Abschnitt 6) sieht die Rechtsordnung vor, dass bei den entsprechenden Gegebenheiten der Richter bzw. das Gericht folgende Entscheidungen trifft:
- die vorläufige Entziehung der Fahrerlaubnis (§ 111a StPO)
- das Fahrverbot (§ 44 StGB)
- die Entziehung der Fahrerlaubnis (§ 69 StGB)
- die Sperre für die Erteilung einer neuen Fahrerlaubnis (§ 69a StGB); gegebenenfalls die vorzeitige Aufhebung dieser Sperre (§ 69a Abs. 7 StGB).

Auf diese Bestimmungen wird in dieser Einführung nicht eingegangen; insoweit wird auf die Straßenverkehrsrechts- oder Strafgesetzbuch-Kommentare verwiesen.

8. Bis 30. April 2014 geltende Regelung: Verkehrszentralregister, Aufbauseminar, verkehrspsychologische Beratung. Ein Paralleleffekt zu den verhängten Bußgeldern, welcher in der BKatV nicht ausdrücklich aufgeführt wird, ist die Eintragung in die „Flensburger Verkehrssünderkartei" bzw. das „Punkteregister", wie der Volksmund das bisherige Verkehrszentralregister VZR bezeichnete. Wie nachstehend in Abschn. 10.2 dargestellt, wurde das VZR nunmehr in „Fahreignungsre-

Einführung

gister (FAER)" umbenannt. Dieses FAER wird bei dem Kraftfahrt-Bundesamt, Flensburg – KBA – geführt; dieses ist eine dem Bundesministerium für Verkehr nachgeordnete (Bundes)Behörde. Bei allen Geldbußen, bei denen das Bußgeld ohne die Kosten des Verfahrens € 60,–[19] (früher 40 €) oder mehr beträgt, erfolgt bei einem Verstoß gegen Bußgeldvorschriften gemäß § 24 StVG eine Eintragung in das Punkteregister. Die vom KBA vorgenommene Eintragung selbst ist keine Sanktionsmaßnahme, sondern ist eine rechtsneutrale Verwaltungshandlung und lediglich Folge einer Verwaltungs- oder Gerichtsentscheidung. In der Anlage 13 zu § 40 FeV war die Bewertung mit entsprechenden Punkten der im VZR erfassten Entscheidungen aufgelistet. Sie begann mit Straftaten wie Gefährdung des Straßenverkehrs (§ 315c StGB), Vollrausch, und ähnlichem, die mit jeweils 7 Punkten zu bewerten waren. Weitere aufgeführte Straftaten waren mit weniger Punkten bewertet. Danach waren die Ordnungswidrigkeiten zwischen 4 Punkten und einem Punkt aufgeführt.

Waren für den Betroffenen bereits 8 bis maximal 13 Punkte eingetragen, so wurde er schriftlich verwarnt. Er wurde hierbei auf die Möglichkeit eines Aufbauseminars hingewiesen. Nahm er daraufhin aus eigenem Antrieb an dem Aufbauseminar teil, wenn er mit bis zu 8 Punkten belastet war, so erhielt er einen Erlass von 4 Punkten. Bei einem Stand von 9–13 Punkten wurde ein Erlass von nur noch 2 Punkten gewährt. Bei Erreichung von 14 Punkten und mehr, aber nicht mehr als 17 Punkten, erfolgte eine kostenpflichtige schriftliche Verwarnung und er musste an einem Aufbauseminar teilnehmen; ein Punkteabbau wegen der angeordneten Seminarteilnahme wurde nicht mehr gewährt. Nahm er an dem Aufbauseminar nicht teil, so konnte ihm die Fahrerlaubnis entzogen werden. Darüber hinaus wurde der Betroffene auf die Möglichkeit einer verkehrspsychologischen Beratung hingewiesen; nahm er an einer entsprechenden Beratung teil, konnte ein Erlass von 2 Punkten erfolgen. Erreichte der Delinquent 18 oder mehr Punkte, so galt er als ungeeignet und die Fahrerlaubnis war kraft Gesetzes (§ 4 StVG) automatisch durch die jeweils Verwaltungsbehörde der Länder zu entziehen. Eine Neuerteilung konnte erst nach Vorlage eines medizinisch-psychologischen Gutachtens und erst nach frühestens 6 Monaten erteilt werden. Wenn ein Verkehrsteilnehmer

---

[19] durch 9. FeÄndV von 40 auf 60 € angehoben

Einführung

auf einmal 18 Punkte erreichte, ohne dass er vorher ein Aufbauseminar oder eine verkehrspsychologische Beratung in Anspruch nehmen konnte, wurde er insoweit so gestellt, als ob er erst 14 Punkte hätte. In diesen Fällen wurde die neue Fahrerlaubnis in aller Regel nur auf der Basis eines positiven medizinisch-psychologischen Gutachtens erteilt. Im Jahr 2006 waren rund 66 000 Fahrerlaubnisse neu erteilt worden. 48% dieser FE-Inhaber fielen innerhalb 3 Jahren wieder mit Verstößen auf, die erneut zur Eintragung ins Verkehrszentralregister führten. Die Tilgung von Eintragungen richtete sich nach § 29 StVG. Die Eintragung war grundsätzlich nach 2 Jahren zu tilgen. Aktuelle Eintragungen hemmten allerdings die Tilgung älterer.

9. Verfolgungsverjährung. Die Verfolgung von Verkehrs-Ordnungswidrigkeiten gemäß § 24 StVG verjährt gemäß § 26 Abs. 3 StVG nach 3 Monaten mit der Beendigung der Tat, solange wegen der Handlung weder ein Bußgeldbescheid ergangen ist, noch eine öffentliche Klagen erhoben worden ist. Ist eine der letzteren Maßnahmen getroffen worden, verjährt sie dennoch nach 6 Monaten.

10. Neues Fahreignungsbewertungssystem seit 1. Mai 2014

10.1 Gesetzgebung. Obwohl Fachleute sehr daran gezweifelt haben, dass die am 9. 2. 2012 bekanntgegebene Absicht einer Neuregelung des Punktsystems beim Verkehrszentralregister (VZR) noch bis zum Ende der 17. Legislaturperiode (spätestens 30 Tage nach der am 22. September 2013 stattfindenden Bundestagswahl) gesetzlich umgesetzt werden könnte, ist dieses Faktum geworden. Diese Tatsache ist insbesondere darauf zurückzuführen, dass es der Bundesverwaltung gelang nach den wenig nachvollziehbaren Vorwürfen des damaligen Bundesverkehrsministers, die StVO-Änderung 2009 sei verfassungswidrig, das zerbrochene Porzellan zu kitten und nach einer längeren „Eiszeit" mit den Länderverwaltungen wieder zu einer sehr vertrauensvollen Kooperation zu kommen. Auf rechtlichem Gebiet setzte diese Neuordnung insbesondere Änderungen des Straßenverkehrsgesetzes und des Gesetzes über das Fahrlehrerwesen und verschiedener Verordnungen, so der FeV und der BKatV, voraus. Selbst die üblicherweise sehr zeitaufwändige Prozedur eines Verfahrens vor dem Vermittlungsausschuss, das vom Bundesrat beantragt worden war, wurde am 26.Juni 2013

Einführung

rasch zu einem einvernehmlichen Ergebnis geführt. Bereits in der Woche der Einigung im Vermittlungsausschuss hat der Bundestag dem Einigungsvorschlag zugestimmt, also das Gesetz in seiner neuen Fassung beschlossen; der Bundesrat hat dann am 5. Juli 2013 dem Artikelgesetz zugestimmt; das Gesetz wurde schließlich am 30. 8. 2013 verkündet. Die dazu ausführende 9.FeÄndV ist am 11. 11. 2013, die das Systems abrundende 10.FeÄndV ist am 23.April 2014 im BGBl. bekanntgegeben worden. [20] Die Ungewissheit, ob das Gesamtvorhaben im Hinblick auf gewaltige Widerstände in der Öffentlichkeit noch realisiert werden konnte, führte im Übrigen zu der sog. Kleinen VZR-Reform. Systemwidrig wurde mit dem Artikel 5 dem Gesetz zur Änderung des Güterkraftverkehrsgesetzes und anderer Gesetze vom 17.Juni 2013 eine zwischen Bundesregierung und Bundesrat unstreitige Neuregelung für das bisher geltende Punktsystem angehängt. Darin wurde das Verwertungsverbot für gelöschte Eintragungen durch § 29 Abs. 8 StVG erweitert und weitere Verwertungsverbote konkreter gefasst. Diese Änderungen sind dann in das neue System übernommen worden. Der ursprüngliche Gesetzentwurf mit der Bezeichnung 4. Änderungsgesetz ... erhielt im Laufe des Gesetzgebungsverfahrens die Bezeichnung 5.Änderungsgesetz ...

10.2 Wesentlicher Inhalte der Reform. Neben der Umbenennung des VZR in „Fahreignungsregister (FAER)" und das Mehrfachtäter-Punkte-System in „Fahreignungs-Bewertungssystem" wurden wesentliche Änderungen vorgenommen: Ordnungswidrigkeiten ohne Verkehrssicherheitsbezug werden in das FAER nicht mehr eingetragen; bisherige Punkte, die so zu qualifizieren sind, werden bzw. wurden mit Inkrafttreten der neuen Regelung beim KBA gelöscht.
Jeder Verstoß verjährt für sich. Neue Einträge haben nicht automatisch eine Verlängerung der Tilgungsfrist der alten Einträge zur Folge. Diese Tilgungsfristen laufen ab der Rechtskraft der Entscheidung, die die Eintragung zur Folge hat.
Statt der bisher sieben gibt es nur noch drei Punktekategorien. „Vormerkung" bis zu 3 Punkten; „Ermahnung" 4–5 Punkte, „Verwarnung" 6–7 Punkte. Mit acht Punkten wird die Fahrerlaubnis entzogen.

---

[20] Vgl. Fußnote 1.

Einführung

Das freiwillige Fahreignungsseminar erhält verkehrspädagogische und verkehrspsychologische Elemente. Bereits jetzt ist eine Überprüfung der Wirksamkeit dieser Regelung über einen Zeitraum von 5 Jahren festgelegt. Beim Stand von 1–5 Punkten kann durch freiwilligen Besuch des Fahreignungsseminars 1 Punkt abgebaut werden, allerdings nur einmal innerhalb eines Zeitraums von 5 Jahren. In der Stufe Verwarnung kann kein Punkt mehr abgebaut werden.

Durch die neue Regelung kommt dem einzelnen Punkt ein schwereres Gewicht zu. Über den Daumen gepeilt gilt: verkehrssicherheitsbeeinträchtigende Handlungen werden einen Punkt, besonders verkehrssicherheitsbeeinträchtigende Zuwiderhandlungen und leichtere Straftaten werden zwei Punkte und schwerere Straftaten drei Punkte zur Folge haben.

Dem Problem der Punkteüberführung von über 9 Mio. Eingetragenen kommt natürlich besondere Bedeutung zu; die Regelung dazu ist sehr detailliert in § 65 Abs. 3 StVG enthalten. So enthält der Gesetzentwurf eine Umrechnungstabelle für den Punktestand vor dem Tag des Inkrafttretens des Gesetzes und das Fahrerlaubnis-Bewertungssystem ab dem Tag des Inkrafttretens (§ 65 Abs. 3 Nr. 4 StVG neu).

Der Logik des Konzepts entsprechend werden verschiedene Regelsätze des Bußgeldkatalogs drastisch erhöht. Die Regelsätze erfahren außerdem eine zusätzliche Steigerung, wenn der Grundtatbestand mit einer Gefährdung verbunden ist. Eine weitere Steigerung tritt ein, wenn das Ereignis mit einer Sachbeschädigung verbunden ist.

Die früheren Regelungen, die oben in den Abschnitten 8 und 9 dargestellt sind, bleiben im Übrigen erhalten.

VI. Entwicklung der BKatV

1. Geschichte. Am 13. Dezember 1968, also kurz nach Inkrafttreten des neuen OWiG, wurden vom Bundesverkehrsministerium die „Allgemeine Verwaltungsvorschrift für die Erteilung einer Verwarnung" erlassen, in der Beträge für das „Verwarnungsgeld" festgelegt waren. Dieser AVV, die gemäß Artikel 84 Abs. 2 GG mit Zustimmung des Bundesrats zu erlassen war und damit für alle Bundes- und sonstigen öffentlichen Verwaltungen bindend war, folgte nach der Einführung der neuen StVO im Jahr 1971 der „Bußgeldkatalog", mit dem Hinweis, dass die „Bußgeldbeträge des Katalogs II Regelsätze"

Einführung

seien. Der Strafrechtsprofessor und damalige Präsident der Verkehrswacht Paul Bockelmann erklärte seinerzeit zum Bußgeldkatalog, er sei für die Deutschen „so etwas wie ein Volksbuch geworden, nicht gerade die Bibel, aber doch die Fibel für den Verkehrsteilnehmer".[21] Wenn dies wohl auch durch einen Insider, und damit zu überschwänglich formuliert war, so trug diese Bekanntmachung durch das BMV doch zur Gleichbehandlung der Betroffenen innerhalb der Bundesrepublik bei und hatte gleichzeitig eine präventiv-abschreckende Wirkung. Die Kataloge wurden aber in den einzelnen Bundesländern geführt, so dass sich – insbesondere auch, weil viele Gerichte sich nicht daran gebunden fühlten – dennoch Besonderheiten zu dem Katalog entwickelten.

2. Änderungen 1989. Mit der Bußgeldverordnung von 1989,[22] die einheitliche Regelsätze für Geldbußen enthält, sollten die Bußgeldkataloge bzw. Tatbestandskataloge der Bundesländer zusammengeführt werden und auch für die Gerichte bindend sein. Gesondert dazu wurde der Verwarnungsgeldkatalog durch die „Allgemeine Verwaltungsvorschrift für die Erteilung einer Verwarnung bei Straßenverkehrsordnungswidrigkeiten" durch das Bundesverkehrsministerium mit Zustimmung des Bundesrats erlassen. Der Bundesrat hat in diesem Zusammenhang die Bedeutung der Ahndung von Halt- und Parkverstößen für die Aufrechterhaltung der Ordnung im Zentrum der Städte und Gemeinden hervorgehoben. Außerdem wurde gesondert in einer weiteren Allgemeinen Verwaltungsvorschrift das „Mehrfachtäter-Punktsystem" geregelt.

3. Änderungen 2001. Mit der Änderung im Jahr 2001[23] werden nun die bislang unterschiedlichen Regelwerke über Verwarnungsgeldregelsätze, Bußgeldregelsätze und Regelfahrverbote bei häufig vorkommenden Verkehrsordnungswidrigkeiten in einer einzigen Verordnung zusammengefasst.; die gesonderten Allgemeinen Verwaltungsvorschriften hatten deshalb keine Existenzberechtigung mehr. Für die Rechtsanwender, d. h. also für Polizei, HilfspolizistInnen und sonstige Ordnungsbehörden sowie für die Gerichte waren damit die Zumessungs-

---

[21] DER SPIEGEL 51/1969.
[22] BKatV v. 4. Juli 1989 BGBl. I S. 1305, 1447.
[23] Siehe Fußnote 10.

Einführung

vorschriften für Sanktionsmaßnahmen erheblich übersichtlicher. Entsprechendes gilt natürlich auch für die betroffenen Bürger. Dieser komplizierten Entstehungsgeschichte, die ein besonders prägnantes Bespiel für das das deutsche Rechtswesen auszeichnende liebenswert-verschrobene Bemühen der Verschmelzung extremer Einzelfallgerechtigkeits-Verlangen mit der Berücksichtigung von Behördenkompetenzen und mit föderalistischem Partikularismus-Denken ist, verdankt die BKatV ihren inhomogenen Aufbau.

4. Änderungen 2004. Mit der Verordnung von 2004 wurde der Blick insbesondere auf die Sicherheit des LKW-Verkehrs, auf die Gurtanlegung in Bussen und auf die schärfere Ahndung des Telefonierens ohne Freispracheinrichtung in Kraftfahrzeugen gerichtet; die Bußgelder wurden erheblich erhöht.

5. Änderungen 2009. Zum 1. 2. 2009 folgte eine gravierende Änderung des Bußgeldsystems innerhalb des Bußgeldkataloges. Insbesondere werden die Bußgeldregelsätze für Straßenverkehrs-Ordnungswidrigkeiten, die als Hauptunfallursachen angesehen werden, sowie für vorsätzlich begangene Zuwiderhandlungen erheblich angehoben. Mit der Anhebung der Bußgeldsätze soll die spezial- und generalpräventive Wirkung der Bußgelder erreicht werden. Bis auf hohe Geschwindigkeitsüberschreitungen, bei denen die Geldbußen bereits in der Vergangenheit angehoben worden waren, war das Niveau der Geldbußen in Deutschland seit 1990 weitgehend unverändert geblieben, abgesehen von den Änderungen im Jahr 2004. Die nunmehr erfolgte Erhöhung der Bußgelder sollte deshalb auch eine Anpassung an die geänderten Einkommensverhältnisse sein. Die Anhebung der Geldbußen für die Hauptunfallursachen, nämlich Außerorts unangepasste Geschwindigkeit, gefährliche Überholvorgänge, zu geringer Abstand und außerdem Verstöße gegen die Vorfahrt und Rotlicht-Verstöße, wurde auch deshalb als angemessen angesehen, weil das Bußgeldniveau für entsprechendes Fehlverhalten in den westeuropäischen Nachbarländern, wie den Niederlanden, in Großbritannien und Schweden um ein Vielfaches höher lag. Vor allem „Raser" und „Drängler" und diejenige, die sich im Verkehr besonders rücksichtslos verhalten und andere vorsätzlich gefährden, sind mit deutlich höheren Bußgeldern bedroht. Diese neuen Obergrenzen für Bußgelder dienen vor allem der Verkehrssicherheit. Die Verwarnungsgelder, insbe-

Einführung

sondere auch bei Parkverstößen, hingegen sind gleich geblieben. Auch die Dauer der möglichen Fahrverbote sind nicht ausgeweitet worden.

Normalerweise hat jede Änderung der StVO – bei der es sich ja immer um eine verkehrspolitisch bedeutsame Maßnahme handelt – sinnvoller Weise auch die Änderung der BKatV zur Folge. So enthält die amtliche Begründung für die doch sehr umfangreiche Änderung der BKatV im Zusammenhang mit der ganz grundsätzlichen Änderung (zumindest in formaler Hinsicht) der StVO im Jahr 2009 nur den einen Satz: „Die Bußgeldvorschriften werden an das geänderte Verhaltensrecht angepasst."

6. Änderungen 2012/2013. Der Neuerlass der BKatV hängt eng mit der neueren Überarbeitung der StVO zusammen, die als Neufassung am 1. April 2013 in Kraft trat. Folgende Änderungen in die BKatV bzw. in den Katalog wurden eingeführt: Der Verordnungstext wurde ohne inhaltliche Änderung redaktionell überarbeitet. Insbesondere im Bußgeldkatalog waren Anpassungen an die Änderungen in der StVO erforderlich. Drei besondere Regelungsbereiche wurden geändert: Die Regelgeldbußen für LKW-Fahrverbote wurden zur größeren Abschreckung mit dem Ziel einer größeren Beachtung („Regelakzeptanz") angehoben. LKW-Fahrverbote können insbesondere aus Gründen der Verkehrssicherheit, zum Schutz der Wohnbevölkerung vor Lärm und Abgasen bzw. zum Schutz der Infrastruktur angeordnet werden. Erhöht wurden auch die Verwarnungsgeldsätze für Verstöße gegen die Vorschriften bei Einrichtungen zur Überwachung der Parkzeit. Die VO-Begründung erklärt hierzu, dass dadurch „die Zahlungsmoral der Verkehrsteilnehmer bei angeordneter gebührenpflichtiger Parkraumbewirtschaftung (z. B. Parkuhr, Parkscheinautomat) gestärkt" wird. Schließlich wurden auf Bitten der Verkehrsministerkonferenz (der Länder) am 4./5. Oktober 2012 die Regelbeträge für Geldbußen bei Verstößen des Radverkehrs moderat angehoben. Wegen des sich ausweitenden Umfangs des Radverkehrs ist es natürlich im Interesse der Verkehrssicherheit wünschenswert, dass sich auch Radfahrer wieder vermehrt der Geltung von Verkehrsregeln bewusst werden.

7. Änderungen 2013/2014. Eng mit der Reform des Punktesystems verbunden ist auch die neuerliche Überarbeitung der ein knappes Jahr vorher erfolgten, umfangreichen Überar-

Einführung

beitung der BKatV einschließlich des Bußgeld-Katalogs. Schwerpunkt ist nun die weitflächige Anhebung der Höhe der Bußgelder durch die 9.FeÄndV. Auf die – sehr berechtigte – Forderung des Bundesrats hin, Maßnahmen gegen Rotsignallicht-Verstöße durch Radfahrer zu treffen, wurde mit der 10.FeÄndV im Bußgeldkatalog mit den neuen Nummern 132a – 132a3.2 diese Thematik angegangen. Bürger, die der Überzeugung sind, dass das Problem insbesondere von Frauen einer Vereinbarkeit einer adäquaten Berufstätigkeit mit ihrem Familienleben nicht dadurch gelöst werden kann, dass die Gesetzestexte geschlechtsneutral gefasst werden und gleichzeitig die Lesbarkeit extrem verschlechtert wird, sondern dass vielmehr in den Unternehmen und in der öffentlichen Verwaltung topdown durchgängig und entschieden darauf Rücksicht genommen wird, diese Bürger werden begrüßen, dass nun in Artikel 7a Nr. 3 Halbsatz a der 10. FeÄndV wieder eine erste Regelung getroffen wurde, die das „Neutralisieren" rückgängig macht und dadurch die Lesbarkeit erheblich erhöht. Die Wörter „Beim Führen eines Fahrzeugs" wurden nämlich durch die Wörter „Als Kfz-Führer" ersetzt. Nicht ausgeschlossen muss es deshalb bleiben, dass von politischer Seite die berechtigte Forderung kommt, dass die StVO wieder lesbarer wird und eben ein Radfahrer wieder auch gesetzestechnisch ein Radfahrer wird.

VII. Bundeseinheitlicher Tatbestandskatalog (BT-KAT-OWI)

Ein wesentliches Ziel im Bereich der Ahndung von Ordnungswidrigkeiten ist – wie oben ausführlich dargelegt –, dass die Bürger in allen Teilen Deutschlands für die gleichen Handlungen weitgehend gleich zur Rechenschaft gezogen werden. Hierzu trägt die Einrichtung des Bundeseinheitlichen Tatbestandskatalogs (BT-KAT-OWI) wesentlich bei. Er ist beim Kraftfahrtbundesamt – KBA – installiert und wegen der Änderungen durch die 9. und 10. FeÄndV und damit insbesondere der neuen Anlage 13 zu § 40 FeV musste der BT-KAT-OWI an den neuen Gesetzesstand angepasst werden, nunmehr mit Stand 1. Mai 2014 . Das KBA ist eine dem Bundesverkehrsministerium nachgeordnete Behörde in Flensburg. In diesem Zusammenhang organisiert es für die Länderverwaltungen die Speicherung von Tatbestandstexten. Die mit dem Erlass von schriftlichen Verwarnungen („Knöllchen") und Bußgeldbe-

Einführung

scheiden befassten Verwaltungsbehörden der Länder melden nach einheitlichen Kriterien derartige, griffige Tatbestände an das KBA. Sie werden in den Katalog aufgenommen und generell in aufbereiteter Form bekannt gegeben; der BT-KAT-OWI wird den Vollzugsbehörden wie ein Vademecum für die tägliche Arbeit an die Hand gegeben. Z.B. in Nordrhein-Westfalen ist er für Polizei und Verwaltungsbehörden verbindlich eingeführt.[24] Die überaus sinnvolle Einrichtung eines möglichst einheitlichen Katalogs eröffnet auch die Möglichkeit, dass in den Katalog landesspezifisch zusätzlich Tatbestände aufgenommen werden. So wurde in Bayern der BT-KAT-OWI in einen landeseigenen Tatbestandskatalog integriert. Der Tatbestandskatalog enthält neben den Tatbeständen des Bußgeldkataloges erheblich mehr weitere, häufig vorkommende Tatbestände von Ordnungswidrigkeiten im Straßenverkehr (z.B. StVO, FeV, FZV, StVZO, Ferienreise-VO). Der Bundesgerichtshof hat zu dieser Praxis in seiner Entscheidung vom 8. 10. 1970 (NJW 1970, S. 2222) Folgendes erklärt:

„Mit dem Bußgeldverfahren wird eine schnelle und Verwaltungskosten einsparende Ahndung der Ordnungswidrigkeit bezweckt und deshalb verbietet sich eine ausführliche Schilderung von selbst. Ein in Rechtsfragen unerfahrener Bürger muss den Vorwurf verstehen können. Die Tatbestandsmerkmale sind als geschichtlicher Lebensvorgang konkret zu schildern, wobei der Umfang der Schilderung von der Gestaltung des Einzelfalles bestimmt wird. Eine unzureichende Schilderung beeinträchtigt nicht die Rechtswirksamkeit des Bußgeldbescheides. Konkretisierungsmängel sind nicht ‚unheilbar', sondern können im gerichtlichen Verfahren behoben werden."

Ist keine Tatbestandsnummer für einen festgestellten Verstoß einschlägig, so ordnet die Bußgeldbehörde diesen Fall einer gleichgewichtigen Tatbestandsnummer zu und legt anhand des Bußgeldkatalogs das gleichgewichtige Bußgeld fest. Im internen Verkehr unterrichtet die Bußgeldbehörde in diesem Fall das Kraftfahrt-Bundesamt, damit gegebenenfalls eine neue Auffangtatbestandsnummer gebildet wird.

---

[24] Verfolgung von Verkehrsverstößen durch die Polizei und Erhebung von Sicherheitsleistungen bei Ordnungswidrigkeiten und Straftaten, Verfolgung und Ahndung von Verkehrsordnungswidrigkeiten durch die Ordnungsbehörden. RdErl. d. Ministeriums für Inneres und Kommunales – 43.8–57.04.16 – v. 2. 11. 2010.

Einführung

So lautet der Text zu Verwarnung wegen einer Geschwindigkeitsüberschreitung beispielsweise:

„Sie überschritten die zulässige Höchstgeschwindigkeit innerhalb geschlossener Ortschaften um 7 km/h.
Zulässige Geschwindigkeit: 50 km/h
Festgestellte Geschwindigkeit (nach Toleranzabzug): 57 km/h.
§ 3 Abs. 3, § 49 StVO; § 24 StVG; 11.3.1 BKat"

Der BKat ist den Vollzugsbehörden und den Gerichten an die Hand gegeben.

VIII. Vollziehende Verwaltung

1. Ordnungsbehörden/Polizei. Für die Verfolgung und Ahndung von Verkehrsordnungswidrigkeiten in NRW sind die entsprechenden Ämter der 53 Kreisordnungsbehörden zuständig, in der Kreisfreien Stadt Bonn heißt das Amt „Bürgerdienste Verkehrsordnungswidrigkeiten". Die staatliche Vollzugspolizei hingegen trifft in eigener Zuständigkeit nur dann Maßnahmen, wenn ein Handeln der Ordnungsbehörden nicht oder nicht rechtzeitig möglich erscheint. Von sich aus tätig wird die Polizei in speziellen, in der StVO geregelten Fällen (§§ 36, 44 II StVO). Allerdings sind, wie generell in Deutschland, auch in NRW die Polizeivollzugsbeamten ausdrücklich ermächtigt, bei geringfügigen Ordnungswidrigkeiten nach § 24 StVG den Betroffenen zu verwarnen und ggfs. ein Verwarnungsgeld zu erheben.[25] Diese Möglichkeit, bei geringfügigen Ordnungswidrigkeiten den Betroffenen zu verwarnen ohne oder mit einem Verwarnungsgeld von fünf bis fünfundfünfzig Euro, sieht das OWiG vor. Die hierzu ermächtigten Beamten des Polizeidienstes, die eine Ordnungswidrigkeit entdecken oder im ersten Zugriff verfolgen, haben sich eindeutig durch ihre Dienstkleidung (Uniform; Hoheitszeichen; Dienstmütze) oder durch ihr Einsatzfahrzeug bzw. Polizeikelle auszuweisen (vgl. § 57 Abs. 2 OWiG).

---

[25] RdErl. d. Ministeriums für Inneres und Kommunales – 43.8–57.04.16 – v. 2. 11. 2010 Verfolgung von Verkehrsverstößen durch die Polizei und Erhebung von Sicherheitsleistungen bei Ordnungswidrigkeiten und Straftaten; Verfolgung und Ahndung von Verkehrsordnungswidrigkeiten durch die Ordnungsbehörden.

Einführung

Da jedes Bundesland seine Organisationsstruktur zum Vollzug von Gesetzen weitgehend selbst regeln kann, wurde z.B. in Bayern eine „Zentrale Bußgeldstelle im Polizeiverwaltungsamt" installiert, die nahezu alle Verkehrs-Ordnungswidrigkeiten in Bayern zentral ahndet Die Polizeidienststellen vor Ort ermitteln die Verkehrsordnungswidrigkeit und erstatten dann bei der Zentralen Bußgeldstelle Anzeige. Von dort aus geht der Bescheid an den betroffenen Verkehrsteilnehmer. Eine weitere zentrale Stelle innerhalb des Bayer. Polizeiverwaltungsamts entscheidet über die Einsprüche gegen Bußgeldbescheide.

2. Zuständigkeit der Kommunen für ruhenden Straßenverkehr. Für die Verfolgung und Ahndung von Ordnungswidrigkeiten im ruhenden Straßenverkehr nach § 24 StVG (Parkverstöße) sind in aller Regel auch die Ordnungsämter der kreisangehörigen Kommunen zuständig, was eine sehr individuelle Behandlung der Verkehrssicherheitsangelegenheiten ermöglicht. Häufig setzen sie sog. Politessen (HilfspolizistInnen) ein. Auch für die Überwachung, wie weit die zulässige Höchstgeschwindigkeit eingehalten wird und Lichtzeichenanlagen im Straßenverkehr beachtet werden, können Kommunen, soweit sie die Ordnungswidrigkeiten selbst festgestellt haben, zuständig sein. Daneben können auch die Polizeibehörden zuständig sein; die Stadt München kennt eine gebietsweise Aufteilung der Zuständigkeit zwischen Stadt und staatlicher Polizei. Diese Ordnungsbehörden regeln das Zahlungs- und Abrechnungsverfahren in eigener Zuständigkeit, d.h. dass die Einnahmen auf Grund der „Knöllchen" den Gemeindehaushalt verstärken; in der Stadt Köln (mit erheblichem Pendler- und Touristenverkehr) wurden im Jahr 2012 allein wegen Parkverstößen 1.070tausend „Knöllchen" erteilt. Im Rahmen der kommunalen Verkehrsüberwachung ist auch eine Mitwirkung von Privaten an der Verfolgung und Ahndung von Geschwindigkeitsüberschreitungen möglich. Während für den Bereich der technischen Überwachung von Kfz für den Bürger und für Automobilclubs ein Tätigwerden privater Institutionen (TÜV, DEKRA) als selbstverständlich akzeptiert wird, gibt es für den Bereich der Tempokontrolle gegen den Einsatz Privater ganz erhebliche Widerstände. Es ist selbstverständlich, dass sowohl die Behörden als auch die Privaten nur sorgfältig geschultes Personal einsetzen können.

1. Verordnung über die Erteilung einer Verwarnung, Regelsätze für Geldbußen und die Anordnung eines Fahrverbotes wegen Ordnungswidrigkeiten im Straßenverkehr (Bußgeldkatalog-Verordnung – BKatV)

Vom 14. März 2013 (BGBl. I S. 498), zuletzt geändert durch VO v. 16. 4. 2014 (BGBl. I S. 348)

FNA 9231-1-21

Auf Grund des § 26a des Straßenverkehrsgesetzes in der Fassung der Bekanntmachung vom 5. März 2003 (BGBl. I S. 310, 919), der zuletzt durch Artikel 1 Nummer 3 des Gesetzes vom 19. Juli 2007 (BGBl. I S. 1460) geändert worden ist, verordnet das Bundesministerium für Verkehr, Bau und Stadtentwicklung:

§ 1 Bußgeldkatalog

(1) ¹Bei Ordnungswidrigkeiten nach den §§ 24, 24a und 24c des Straßenverkehrsgesetzes, die in der Anlage zu dieser Verordnung (Bußgeldkatalog – BKat) aufgeführt sind, ist eine Geldbuße nach den dort bestimmten Beträgen festzusetzen. ²Bei Ordnungswidrigkeiten nach § 24 des Straßenverkehrsgesetzes, bei denen im Bußgeldkatalog ein Regelsatz von bis zu 55 Euro bestimmt ist, ist ein entsprechendes Verwarnungsgeld zu erheben.

(2) ¹Die im Bußgeldkatalog bestimmten Beträge sind Regelsätze. ²Sie gehen von gewöhnlichen Tatumständen sowie in Abschnitt I des Bußgeldkatalogs von fahrlässiger und in Abschnitt II des Bußgeldkatalogs von vorsätzlicher Begehung aus.

§ 2 Verwarnung

(1) Die Verwarnung muss mit einem Hinweis auf die Verkehrszuwiderhandlung verbunden sein.

(2) Bei unbedeutenden Ordnungswidrigkeiten nach § 24 des Straßenverkehrsgesetzes kommt eine Verwarnung ohne Verwarnungsgeld in Betracht.

(3) Das Verwarnungsgeld wird in Höhe von 5, 10, 15, 20, 25, 30, 35, 40, 45, 50 und 55 Euro erhoben.

(4) Bei Fußgängern soll das Verwarnungsgeld in der Regel 5 Euro, bei Radfahrern in der Regel 15 Euro betragen, sofern der Bußgeldkatalog nichts anderes bestimmt.

(5) Ist im Bußgeldkatalog ein Regelsatz für das Verwarnungsgeld von mehr als 20 Euro vorgesehen, so kann er bei offenkundig außergewöhnlich schlechten wirtschaftlichen Verhältnissen des Betroffenen bis auf 20 Euro ermäßigt werden.

(6) Hat der Betroffene durch dieselbe Handlung mehrere geringfügige Ordnungswidrigkeiten begangen, für die jeweils eine Verwarnung mit Verwarnungsgeld in Betracht kommt, so wird nur ein Verwarnungsgeld, und zwar das höchste der in Betracht kommenden Verwarnungsgelder, erhoben.

(7) Hat der Betroffene durch mehrere Handlungen geringfügige Ordnungswidrigkeiten begangen oder gegen dieselbe Vorschrift mehrfach verstoßen, so sind die einzelnen Verstöße getrennt zu verwarnen.

(8) In den Fällen der Absätze 6 und 7 ist jedoch zu prüfen, ob die Handlung oder die Handlungen insgesamt noch geringfügig sind.

§ 3 Bußgeldregelsätze

(1) Etwaige Eintragungen des Betroffenen im Fahreignungsregister sind im Bußgeldkatalog nicht berücksichtigt, soweit nicht in den Nummern 152.1, 241.1, 241.2, 242.1 und 242.2 des Bußgeldkatalogs etwas anderes bestimmt ist.

(2) Wird ein Tatbestand der Nummer 119, der Nummer 198.1 in Verbindung mit Tabelle 3 des Anhangs oder der Nummern 212, 214.1, 214.2 oder 223 des Bußgeldkatalogs, für den ein Regelsatz von mehr als 55 Euro vorgesehen ist, vom Halter eines Kraftfahrzeugs verwirklicht, so ist derjenige Regelsatz anzuwenden, der in diesen Fällen für das Anordnen oder Zulassen der Inbetriebnahme eines Kraftfahrzeugs durch den Halter vorgesehen ist.

(3) Die Regelsätze, die einen Betrag von mehr als 55 Euro vorsehen, erhöhen sich bei Vorliegen einer Gefährdung oder Sachbeschädigung nach Tabelle 4 des Anhangs, soweit diese

Merkmale oder eines dieser Merkmale nicht bereits im Tatbestand des Bußgeldkatalogs enthalten sind.

(4) ¹Wird von dem Führer eines kennzeichnungspflichtigen Kraftfahrzeugs mit gefährlichen Gütern oder eines Kraftomnibusses mit Fahrgästen ein Tatbestand

1. der Nummern 8.1, 8.2, 15, 19, 19.1, 19.1.1, 19.1.2, 21, 21.1, 21.2, 212, 214.1, 214.2, 223,
2. der Nummern 12.5, 12.6 oder 12.7, jeweils in Verbindung mit Tabelle 2 des Anhangs, oder
3. der Nummern 198.1 oder 198.2, jeweils in Verbindung mit Tabelle 3 des Anhangs,

des Bußgeldkatalogs verwirklicht, so erhöht sich der dort genannte Regelsatz, sofern dieser einen Betrag von mehr als 55 Euro vorsieht, auch in den Fällen des Absatzes 3, jeweils um die Hälfte. ²Der nach Satz 1 erhöhte Regelsatz ist auch anzuwenden, wenn der Halter die Inbetriebnahme eines kennzeichnungspflichtigen Kraftfahrzeugs mit gefährlichen Gütern oder eines Kraftomnibusses mit Fahrgästen in den Fällen

1. der Nummern 189.1.1, 189.1.2, 189.2.1, 189.2.2, 189.3.1, 189.3.2, 213 oder
2. der Nummern 199.1, 199.2, jeweils in Verbindung mit der Tabelle 3 des Anhangs, oder 224

des Bußgeldkatalogs anordnet oder zulässt.

(4a) ¹Wird ein Tatbestand des Abschnitts I des Bußgeldkatalogs vorsätzlich verwirklicht, für den ein Regelsatz von mehr als 55 Euro vorgesehen ist, so ist der dort genannte Regelsatz zu verdoppeln, auch in den Fällen, in denen eine Erhöhung nach den Absätzen 2, 3 oder 4 vorgenommen worden ist. ²Der ermittelte Betrag wird auf den nächsten vollen Euro-Betrag abgerundet.

(5) ¹Werden durch eine Handlung mehrere Tatbestände des Bußgeldkatalogs verwirklicht, die jeweils einen Bußgeldregelsatz von mehr als 55 Euro vorsehen, so ist nur ein Regelsatz anzuwenden; bei unterschiedlichen Regelsätzen ist der höchste anzuwenden. ²Der Regelsatz kann angemessen erhöht werden.

(6) ¹Bei Ordnungswidrigkeiten nach § 24 des Straßenverkehrsgesetzes, die von nicht motorisierten Verkehrsteilnehmern

begangen werden, ist, sofern der Bußgeldregelsatz mehr als 55 Euro beträgt und der Bußgeldkatalog nicht besondere Tatbestände für diese Verkehrsteilnehmer enthält, der Regelsatz um die Hälfte zu ermäßigen. ²Beträgt der nach Satz 1 ermäßigte Regelsatz weniger als 60 Euro, so soll eine Geldbuße nur festgesetzt werden, wenn eine Verwarnung mit Verwarnungsgeld nicht erteilt werden kann.

§ 4 Regelfahrverbot

(1) ¹Bei Ordnungswidrigkeiten nach § 24 des Straßenverkehrsgesetzes kommt die Anordnung eines Fahrverbots (§ 25 Absatz 1 Satz 1 des Straßenverkehrsgesetzes) wegen grober Verletzung der Pflichten eines Kraftfahrzeugführers in der Regel in Betracht, wenn ein Tatbestand

1. der Nummern 9.1 bis 9.3, der Nummern 11.1 bis 11.3, jeweils in Verbindung mit Tabelle 1 des Anhangs,
2. der Nummern 12.6.3, 12.6.4, 12.6.5, 12.7.3, 12.7.4 oder 12.7.5 der Tabelle 2 des Anhangs,
3. der Nummern 19.1.1, 19.1.2, 21.1, 21.2, 83.3, 89b.2, 132.1, 132.2, 132.3, 132.3.1, 132.3.2, 152.1 oder
4. der Nummern 244 oder 248

des Bußgeldkatalogs verwirklicht wird. ²Wird in diesen Fällen ein Fahrverbot angeordnet, so ist in der Regel die dort bestimmte Dauer festzusetzen.

(2) ¹Wird ein Fahrverbot wegen beharrlicher Verletzung der Pflichten eines Kraftfahrzeugführers zum ersten Mal angeordnet, so ist seine Dauer in der Regel auf einen Monat festzusetzen. ²Ein Fahrverbot kommt in der Regel in Betracht, wenn gegen den Führer eines Kraftfahrzeugs wegen einer Geschwindigkeitsüberschreitung von mindestens 26 km/h bereits eine Geldbuße rechtskräftig festgesetzt worden ist und er innerhalb eines Jahres seit Rechtskraft der Entscheidung eine weitere Geschwindigkeitsüberschreitung von mindestens 26 km/h begeht.

(3) Bei Ordnungswidrigkeiten nach § 24a des Straßenverkehrsgesetzes ist ein Fahrverbot (§ 25 Absatz 1 Satz 2 des Straßenverkehrsgesetzes) in der Regel mit der in den Nummern 241, 241.1, 241.2, 242, 242.1 und 242.2 des Bußgeldkatalogs vorgesehenen Dauer anzuordnen.

Bußgeldkatalog-Verordnung § 5, Anlage **BKatV 1**

(4) Wird von der Anordnung eines Fahrverbots ausnahmsweise abgesehen, so soll das für den betreffenden Tatbestand als Regelsatz vorgesehene Bußgeld angemessen erhöht werden.

§ 5 Inkrafttreten, Außerkrafttreten

[1] Diese Verordnung tritt am 1. April 2013 in Kraft. [2] Gleichzeitig tritt die Bußgeldkatalog-Verordnung vom 13. November 2001 (BGBl. I S. 3033), die zuletzt durch Artikel 3 der Verordnung vom 19. Oktober 2012 (BGBl. I S. 2232) geändert worden ist, außer Kraft.

Anlage
(zu § 1 Absatz 1)

Bußgeldkatalog (BKat)

Abschnitt I. Fahrlässig begangene Ordnungswidrigkeiten

Lfd. Nr.	Tatbestand	Straßenverkehrs-Ordnung (StVO)	Regelsatz in Euro (€), Fahrverbot in Monaten	Punkte
	A. Zuwiderhandlungen gegen § 24 StVG **a) Straßenverkehrs-Ordnung** **Grundregeln**			
1	Durch Außer-Acht-Lassen der im Verkehr erforderlichen Sorgfalt	§ 1 Absatz 2 § 49 Absatz 1 Nummer 1		
1.1	einen Anderen mehr als nach den Umständen unvermeidbar belästigt		10 €	
1.2	einen Anderen mehr als nach den Umständen unvermeidbar behindert		20 €	
1.3	einen Anderen gefährdet		30 €	
1.4	einen Anderen geschädigt, soweit im Folgenden nichts anderes bestimmt ist		35 €	

1 BKatV Anlage

Bußgeldkatalog-Verordnung

Lfd. Nr.	Tatbestand	Straßenverkehrs-Ordnung (StVO)	Regelsatz in Euro (€), Fahrverbot in Monaten	Punkte
1.5	Beim Fahren in eine oder aus einer Parklücke stehendes Fahrzeug beschädigt	§ 1 Absatz 2 § 49 Absatz 1 Nummer 1	30 €	
	Straßenbenutzung durch Fahrzeuge			
2	Vorschriftswidrig Gehweg, Seitenstreifen (außer auf Autobahnen oder Kraftfahrstraßen), Verkehrsinsel oder Grünanlage benutzt	§ 2 Absatz 1 § 49 Absatz 1 Nummer 2	10 €	
2.1	– mit Behinderung	§ 2 Absatz 1 § 1 Absatz 2 § 49 Absatz 1 Nummer 1, 2	15 €	
2.2	– mit Gefährdung		20 €	
3	Gegen das Rechtsfahrgebot verstoßen durch Nichtbenutzen			
3.1	der rechten Fahrbahnseite	§ 2 Absatz 2 § 49 Absatz 1 Nummer 2	15 €	
3.1.1	– mit Behinderung	§ 2 Absatz 2 § 1 Absatz 2 § 49 Absatz 1 Nummer 1, 2	25 €	
3.2	des rechten Fahrstreifens (außer auf Autobahnen oder Kraftfahrstraßen) und dadurch einen Anderen behindert	§ 2 Absatz 2 § 1 Absatz 2 § 49 Absatz 1 Nummer 1, 2	20 €	
3.3	der rechten Fahrbahn bei zwei getrennten Fahrbahnen	§ 2 Absatz 1 § 49 Absatz 1 Nummer 2	25 €	
3.3.1	– mit Gefährdung	§ 2 Absatz 1 § 1 Absatz 2 § 49 Absatz 1 Nummer 1, 2	35 €	
3.3.2	– mit Sachbeschädigung	§ 2 Absatz 1 § 1 Absatz 2 § 49 Absatz 1 Nummer 1, 2	40 €	

Bußgeldkatalog-Verordnung **Anlage BKatV 1**

Lfd. Nr.	Tatbestand	Straßenverkehrs-Ordnung (StVO)	Regelsatz in Euro (€), Fahrverbot in Monaten	Punkte
3.4	eines markierten Schutzstreifens als Radfahrer	§ 2 Absatz 2 § 49 Absatz 1 Nummer 2	15 €	
3.4.1	– mit Behinderung	§ 2 Absatz 2 § 1 Absatz 2 § 49 Absatz 1 Nummer 1, 2	20 €	
3.4.2	– mit Gefährdung		25 €	
3.4.3	– mit Sachbeschädigung		30 €	
4	Gegen das Rechtsfahrgebot verstoßen	§ 2 Absatz 2 § 1 Absatz 2 § 49 Absatz 1 Nummer 1, 2		
4.1	bei Gegenverkehr, beim Überholtwerden, an Kuppen, in Kurven oder bei Unübersichtlichkeit und dadurch einen Anderen gefährdet		80 €	1
4.2	auf Autobahnen oder Kraftfahrstraßen und dadurch einen Anderen behindert		80 €	1
5	Schienenbahn nicht durchfahren lassen	§ 2 Absatz 3 § 49 Absatz 1 Nummer 2	5 €	
5 a	Fahren bei Glatteis, Schneeglätte, Schneematsch, Eis- oder Reifglätte ohne Reifen, welche die in Anhang II Nummer 2.2 der Richtlinie 92/23/EWG des Rates vom 31. März 1992 über Reifen von Kraftfahrzeugen und Kraftfahrzeuganhängern und über ihre Montage (ABl. L 129 vom 14. 5. 1992, S. 95), die zuletzt durch die Richtlinie 2005/11/EG (ABl. L 46 vom 17. 2. 2005, S. 42) geändert worden ist, beschriebenen Eigenschaften erfüllen (M+S-Reifen)	§ 2 Absatz 3 a Satz 1 § 49 Absatz 1 Nummer 2	60 €	1

1 BKatV Anlage

Bußgeldkatalog-Verordnung

Lfd. Nr.	Tatbestand	Straßenverkehrs-Ordnung (StVO)	Regelsatz in Euro (€), Fahrverbot in Monaten	Punkte
5 a.1	– mit Behinderung	§ 2 Absatz 3 a Satz 1 § 1 Absatz 2 § 49 Absatz 1 Nummer 1, 2	80 €	1
6	Beim Führen eines kennzeichnungspflichtigen Kraftfahrzeugs mit gefährlichen Gütern bei Sichtweite unter 50 m, bei Schneeglätte oder Glatteis sich nicht so verhalten, dass die Gefährdung eines anderen ausgeschlossen war, insbesondere, obwohl nötig, nicht den nächsten geeigneten Platz zum Parken aufgesucht	§ 2 Absatz 3 a Satz 4 § 49 Absatz 1 Nummer 2	140 €	1
7	Beim Radfahren oder Mofafahren			
7.1	Radweg (Zeichen 237, 240, 241) nicht benutzt oder in nicht zulässiger Richtung befahren	§ 2 Absatz 4 Satz 4 § 49 Absatz 1 Nummer 2 § 41 Absatz 1 i. V. m. Anlage 2 lfd. Nr. 16, 19, 20 (Zeichen 237, 240, 241) Spalte 3 Nummer 1 § 49 Absatz 3 Nummer 4	20 €	
7.1.1	– mit Behinderung	§ 2 Absatz 4 Satz 4 § 1 Absatz 2 § 49 Absatz 1 Nummer 1, 2 § 41 Absatz 1 i. V. m. Anlage 2 lfd. Nr. 16, 19, 20	25 €	

Bußgeldkatalog-Verordnung **Anlage BKatV 1**

Lfd. Nr.	Tatbestand	Straßenverkehrs-Ordnung (StVO)	Regelsatz in Euro (€), Fahrverbot in Monaten	Punkte
		(Zeichen 237, 240, 241) Spalte 3 Nummer 1 § 1 Absatz 2 § 49 Absatz 1 Nummer 1, Absatz 3 Nummer 4		
7.1.2	– mit Gefährdung		30 €	
7.1.3	– mit Sachbeschädigung		35 €	
7.2	Fahrbahn, Radweg oder Seitenstreifen nicht vorschriftsmäßig benutzt	§ 2 Absatz 4 Satz 1, 4, 5 § 49 Absatz 1 Nummer 2	15 €	
7.2.1	– mit Behinderung	§ 2 Absatz 4 Satz 1, 4, 5 § 1 Absatz 2 § 49 Absatz 1 Nummer 1, 2	20 €	
7.2.2	– mit Gefährdung		25 €	
7.2.3	– mit Sachbeschädigung		30 €	
	Geschwindigkeit			
8	Mit nicht angepasster Geschwindigkeit gefahren			
8.1	trotz angekündigter Gefahrenstelle, bei Unübersichtlichkeit, an Straßenkreuzungen, Straßeneinmündungen, Bahnübergängen oder bei schlechten Sicht- oder Wetterverhältnissen (z. B. Nebel, Glatteis)	§ 3 Absatz 1 Satz 1, 2, 4, 5 § 19 Absatz 1 Satz 2 § 49 Absatz 1 Nummer 3, 19 Buchstabe a	100 €	1
8.2	in anderen als in Nummer 8.1 genannten Fällen mit Sachbeschädigung	§ 3 Absatz 1 Satz 1, 2, 4, 5 § 1 Absatz 2 § 49 Absatz 1 Nummer 1, 3	35 €	

1 BKatV Anlage

Bußgeldkatalog-Verordnung

Lfd. Nr.	Tatbestand	Straßenverkehrs-Ordnung (StVO)	Regelsatz in Euro (€), Fahrverbot in Monaten	Punkte
9	Festgesetzte Höchstgeschwindigkeit bei Sichtweite unter 50 m durch Nebel, Schneefall oder Regen überschritten	§ 3 Absatz 1 Satz 3 § 49 Absatz 1 Nummer 3	80 €	1
9.1	um mehr als 20 km/h mit einem Kraftfahrzeug der in § 3 Absatz 3 Nummer 2 Buchstabe a oder b StVO genannten Art		Tabelle 1 Buchstabe a	
9.2	um mehr als 15 km/h mit kennzeichnungspflichtigen Kraftfahrzeugen der in Nummer 9.1 genannten Art mit gefährlichen Gütern oder Kraftomnibussen mit Fahrgästen		Tabelle 1 Buchstabe b	
9.3	um mehr als 25 km/h innerorts oder 30 km/h außerorts mit anderen als den in Nummer 9.1 oder 9.2 genannten Kraftfahrzeugen		Tabelle 1 Buchstabe c	
10	Beim Führen eines Fahrzeugs ein Kind, einen Hilfsbedürftigen oder älteren Menschen gefährdet, insbesondere durch nicht ausreichend verminderte Geschwindigkeit, mangelnde Bremsbereitschaft oder unzureichenden Seitenabstand beim Vorbeifahren oder Überholen	§ 3 Absatz 2 a § 49 Absatz 1 Nummer 3	80 €	1
11	Zulässige Höchstgeschwindigkeit überschritten mit	§ 3 Absatz 3 Satz 1, Absatz 4 § 49 Absatz 1 Nummer 3 § 18 Absatz 5 Satz 2 § 49 Absatz 1 Nummer 18 § 20 Absatz 2 Satz 1, Absatz 4		

Bußgeldkatalog-Verordnung **Anlage BKatV 1**

Lfd. Nr.	Tatbestand	Straßenverkehrs-Ordnung (StVO)	Regelsatz in Euro (€), Fahrverbot in Monaten	Punkte
		Satz 1, 2 § 49 Absatz 1 Nummer 19 Buchstabe b § 41 Absatz 1 i. V. m. Anlage 2 lfd. Nr. 16, 17 (Zeichen 237, 238) Spalte 3 Nummer 3, lfd. Nr. 18 (Zeichen 239) Spalte 3 Nummer 2, lfd. Nr. 19 (Zeichen 240) Spalte 3 Nummer 3, lfd. Nr. 20 (Zeichen 241) Spalte 3 Nummer 4, lfd. Nr. 21 (Zeichen 239 oder 242.1 mit Zusatzzeichen, das den Fahrzeugverkehr zulässt) Spalte 3 Nummer 2 oder lfd. Nr. 23 (Zeichen 244.1 mit Zusatzzeichen, das den Fahrzeugverkehr zulässt) Spalte 3 Nummer 2, lfd. Nr. 49 (Zeichen 274), lfd. Nr. 50 (Zeichen 274.1, 274.2) § 49 Absatz 3		

1 BKatV Anlage   Bußgeldkatalog-Verordnung

Lfd. Nr.	Tatbestand	Straßenverkehrs-Ordnung (StVO)	Regelsatz in Euro (€), Fahrverbot in Monaten	Punkte
		Nummer 4 § 42 Absatz 2 i. V. m. Anlage 3 lfd. Nr. 12 (Zeichen 325.1, 325.2) Spalte 3 Nummer 1 § 49 Absatz 3 Nummer 5		
11.1	Kraftfahrzeugen der in § 3 Absatz 3 Nummer 2 Buchstabe a oder b StVO genannten Art		Tabelle 1 Buchstabe a	
11.2	kennzeichnungspflichtigen Kraftfahrzeugen der in Nummer 11.1 genannten Art mit gefährlichen Gütern oder Kraftomnibussen mit Fahrgästen		Tabelle 1 Buchstabe b	
11.3	anderen als den in Nummer 11.1 oder 11.2 genannten Kraftfahrzeugen		Tabelle 1 Buchstabe c	
	Abstand			
12	Erforderlichen Abstand von einem vorausfahrenden Fahrzeug nicht eingehalten	§ 4 Absatz 1 Satz 1 § 49 Absatz 1 Nummer 4		
12.1	bei einer Geschwindigkeit bis 80 km/h		25 €	
12.2	– mit Gefährdung	§ 4 Absatz 1 Satz 1 § 1 Absatz 2 § 49 Absatz 1 Nummer 1, 4	30 €	
12.3	– mit Sachbeschädigung		35 €	
12.4	bei einer Geschwindigkeit von mehr als 80 km/h, sofern der Abstand in Metern nicht weniger als ein Viertel des Tachowertes betrug	§ 4 Absatz 1 Satz 1 § 49 Absatz 1 Nummer 4	35 €	

Bußgeldkatalog-Verordnung **Anlage BKatV 1**

Lfd. Nr.	Tatbestand	Straßenverkehrs-Ordnung (StVO)	Regelsatz in Euro (€), Fahrverbot in Monaten	Punkte
12.5	bei einer Geschwindigkeit von mehr als 80 km/h, sofern der Abstand in Metern weniger als ein Viertel des Tachowertes betrug		Tabelle 2 Buchstabe a	
12.6	bei einer Geschwindigkeit von mehr als 100 km/h, sofern der Abstand in Metern weniger als ein Viertel des Tachowertes betrug		Tabelle 2 Buchstabe b	
12.7	bei einer Geschwindigkeit von mehr als 130 km/h, sofern der Abstand in Metern weniger als ein Viertel des Tachowertes betrug		Tabelle 2 Buchstabe c	
13	Vorausgefahren und ohne zwingenden Grund stark gebremst			
13.1	– mit Gefährdung	§ 4 Absatz 1 Satz 2 § 1 Absatz 2 § 49 Absatz 1 Nummer 1, 4	20 €	
13.2	– mit Sachbeschädigung		30 €	
14	Den zum Einscheren erforderlichen Abstand von dem vorausfahrenden Fahrzeug außerhalb geschlossener Ortschaften nicht eingehalten	§ 4 Absatz 2 Satz 1 § 49 Absatz 1 Nummer 4	25 €	
15	Mit Lastkraftwagen (zulässige Gesamtmasse über 3,5 t) oder Kraftomnibus bei einer Geschwindigkeit von mehr als 50 km/h auf einer Autobahn Mindestabstand von 50 m von einem vorausfahrenden Fahrzeug nicht eingehalten	§ 4 Absatz 3 § 49 Absatz 1 Nummer 4	80 €	1

1 BKatV Anlage — Bußgeldkatalog-Verordnung

Lfd. Nr.	Tatbestand	Straßenverkehrs-Ordnung (StVO)	Regelsatz in Euro (€), Fahrverbot in Monaten	Punkte
	Überholen			
16	Innerhalb geschlossener Ortschaften rechts überholt	§ 5 Absatz 1 § 49 Absatz 1 Nummer 5	30 €	
16.1	– mit Sachbeschädigung	§ 5 Absatz 1 § 1 Absatz 2 § 49 Absatz 1 Nummer 1, 5	35 €	
17	Außerhalb geschlossener Ortschaften rechts überholt	§ 5 Absatz 1 § 49 Absatz 1 Nummer 5	100 €	1
18	Mit nicht wesentlich höherer Geschwindigkeit als der zu Überholende überholt	§ 5 Absatz 2 Satz 2 § 49 Absatz 1 Nummer 5	80 €	1
19	Überholt, obwohl nicht übersehen werden konnte, dass während des ganzen Überholvorgangs jede Behinderung des Gegenverkehrs ausgeschlossen war, oder bei unklarer Verkehrslage	§ 5 Absatz 2 Satz 1, Absatz 3 Nummer 1 § 49 Absatz 1 Nummer 5	100 €	1
19.1	und dabei ein Überholverbot (§ 19 Absatz 1 Satz 3 StVO, Zeichen 276, 277) nicht beachtet oder Fahrstreifenbegrenzung (Zeichen 295, 296) überquert oder überfahren oder der durch Pfeile vorgeschriebenen Fahrtrichtung (Zeichen 297) nicht gefolgt	§ 5 Absatz 2 Satz 1, Absatz 3 Nummer 1 § 19 Absatz 1 Satz 3 § 49 Absatz 1 Nummer 5, 19 a § 41 Absatz 1 i. V. m. Anlage 2 zu lfd. Nr. 53 und 54 und lfd. Nr. 53 und 54 (Zeichen 276, 277) Spalte 3, lfd. Nr. 68 (Zeichen 295) Spalte 3 Nummer 1 a, lfd. Nr. 69, 70	150 €	1

Bußgeldkatalog-Verordnung **Anlage BKatV 1**

Lfd. Nr.	Tatbestand	Straßenverkehrs-Ordnung (StVO)	Regelsatz in Euro (€), Fahrverbot in Monaten	Punkte
19.1.1	– mit Gefährdung	(Zeichen 296, 297) Spalte 3 Nummer 1 § 49 Absatz 3 Nummer 4 § 5 Absatz 2 Satz 1, Absatz 3 Nummer 1 § 19 Absatz 1 Satz 3 § 49 Absatz 1 Nummer 5, 19 a § 41 Absatz 1 i. V. m. Anlage 2 zu lfd. Nr. 53 und 54 und lfd. Nr. 53 und 54	250 € **Fahrverbot 1 Monat**	2
19.1.2	– mit Sachbeschädigung	(Zeichen 276, 277) Spalte 3, lfd. Nr. 68 (Zeichen 295) Spalte 3 Nummer 1 a, lfd. Nr. 69, 70 (Zeichen 296, 297) Spalte 3 Nummer 1 § 49 Absatz 3 Nummer 4 § 1 Absatz 2 § 49 Absatz 1 Nummer 1	300 € **Fahrverbot 1 Monat**	2
(20)	(aufgehoben)			
21	Mit einem Kraftfahrzeug mit einer zulässigen Gesamtmasse über 7,5 t überholt, obwohl die Sichtweite durch Nebel, Schneefall oder Regen weniger als 50 m betrug	§ 5 Absatz 3 a § 49 Absatz 1 Nummer 5	120 €	1

1 BKatV Anlage

Bußgeldkatalog-Verordnung

Lfd. Nr.	Tatbestand	Straßenverkehrs-Ordnung (StVO)	Regelsatz in Euro (€), Fahrverbot in Monaten	Punkte
21.1	– mit Gefährdung	§ 5 Absatz 3 a § 1 Absatz 2 § 49 Absatz 1 Nummer 1, 5	200 € **Fahrverbot 1 Monat**	2
21.2	– mit Sachbeschädigung		240 € **Fahrverbot 1 Monat**	2
22	Zum Überholen ausgeschert und dadurch nachfolgenden Verkehr gefährdet	§ 5 Absatz 4 Satz 1 § 49 Absatz 1 Nummer 5	80 €	1
23	Beim Überholen ausreichenden Seitenabstand zu anderen Verkehrsteilnehmern nicht eingehalten	§ 5 Absatz 4 Satz 2 § 49 Absatz 1 Nummer 5	30 €	
23.1	– mit Sachbeschädigung	§ 5 Absatz 4 Satz 2 § 1 Absatz 2 § 49 Absatz 1 Nummer 1, 5	35 €	
24	Nach dem Überholen nicht so bald wie möglich wieder nach rechts eingeordnet	§ 5 Absatz 4 Satz 3 § 49 Absatz 1 Nummer 5	10 €	
25	Nach dem Überholen beim Einordnen, denjenigen, der überholt wurde, behindert	§ 5 Absatz 4 Satz 4 § 49 Absatz 1 Nummer 5	20 €	
26	Beim Überholtwerden Geschwindigkeit erhöht	§ 5 Absatz 6 Satz 1 § 49 Absatz 1 Nummer 5	30 €	
27	Ein langsameres Fahrzeug geführt und die Geschwindigkeit nicht ermäßigt oder nicht gewartet, um mehreren unmittelbar folgenden Fahrzeugen das Überholen zu ermöglichen	§ 5 Absatz 6 Satz 2 § 49 Absatz 1 Nummer 5	10 €	

Bußgeldkatalog-Verordnung **Anlage BKatV 1**

Lfd. Nr.	Tatbestand	Straßenverkehrs-Ordnung (StVO)	Regelsatz in Euro (€), Fahrverbot in Monaten	Punkte
28	Vorschriftswidrig links überholt, obwohl der Fahrer des vorausfahrenden Fahrzeugs die Absicht, nach links abzubiegen, angekündigt und sich eingeordnet hatte	§ 5 Absatz 7 Satz 1 § 49 Absatz 1 Nummer 5	25 €	
28.1	– mit Sachbeschädigung	§ 5 Absatz 7 Satz 1 § 1 Absatz 2 § 49 Absatz 1 Nummer 1, 5	30 €	
	Fahrtrichtungsanzeiger			
29	Fahrtrichtungsanzeiger nicht wie vorgeschrieben benutzt	§ 5 Absatz 4 a § 49 Absatz 1 Nummer 5 § 6 Satz 3 § 49 Absatz 1 Nummer 6 § 7 Absatz 5 Satz 2 § 49 Absatz 1 Nummer 7 § 9 Absatz 1 Satz 1 § 49 Absatz 1 Nummer 9 § 10 Satz 2 § 49 Absatz 1 Nummer 10 § 42 Absatz 2 i. V. m. Anlage 3 lfd. Nr. 2.1 (Zusatzzeichen zu Zeichen 306) Spalte 3 Nummer 1 § 49 Absatz 3 Nummer 5	10 €	
	Vorbeifahren			
30	An einer Fahrbahnverengung, einem Hindernis auf der Fahrbahn oder einem halten-	§ 6 Satz 1 § 49 Absatz 1 Nummer 6	20 €	

1 BKatV Anlage

Bußgeldkatalog-Verordnung

Lfd. Nr.	Tatbestand	Straßenverkehrs-Ordnung (StVO)	Regelsatz in Euro (€), Fahrverbot in Monaten	Punkte
	den Fahrzeug auf der Fahrbahn links vorbeigefahren, ohne ein entgegenkommendes Fahrzeug durchfahren zu lassen			
30.1	– mit Gefährdung	§ 6 Absatz 1 § 1 Absatz 2 § 49 Absatz 1 Nummer 1, 6	30 €	
30.2	– mit Sachbeschädigung		35 €	
	Benutzung von Fahrstreifen durch Kraftfahrzeuge			
31	Fahrstreifen gewechselt und dadurch einen anderen Verkehrsteilnehmer gefährdet	§ 7 Absatz 5 Satz 1 § 49 Absatz 1 Nummer 7	30 €	
31.1	– mit Sachbeschädigung	§ 7 Absatz 5 Satz 1 § 1 Absatz 2 § 49 Absatz 1 Nummer 1, 7	35 €	
31 a	Auf einer Fahrbahn für beide Richtungen den mittleren oder linken von mehreren durch Leitlinien (Zeichen 340) markierten Fahrstreifen zum Überholen benutzt	§ 7 Absatz 3 a Satz 1, 2, Absatz 3 b § 49 Absatz 1 Nummer 7	30 €	
31 a.1	– mit Gefährdung	§ 7 Absatz 3 a Satz 1, 2, Absatz 3 b § 1 Absatz 2 § 49 Absatz 1 Nummer 1, 7	40 €	
31 b	Außerhalb geschlossener Ortschaften linken Fahrstreifen mit einem Lastkraftwagen mit einer zulässigen Gesamtmasse von mehr als 3,5 t oder einem Kraftfahrzeug mit Anhänger zu einem anderen Zweck als	§ 7 Absatz 3 c Satz 3 § 49 Absatz 1 Nummer 7	15 €	

Bußgeldkatalog-Verordnung **Anlage BKatV 1**

Lfd. Nr.	Tatbestand	Straßenverkehrs-Ordnung (StVO)	Regelsatz in Euro (€), Fahrverbot in Monaten	Punkte
31 b.1	dem des Linksabbiegens benutzt – mit Behinderung	§ 7 Absatz 3 c Satz 3 § 1 Absatz 2 § 49 Absatz 1 Nummer 1, 7	20 €	
	Vorfahrt			
32	Nicht mit mäßiger Geschwindigkeit an eine bevorrechtigte Straße herangefahren	§ 8 Absatz 2 Satz 1 § 49 Absatz 1 Nummer 8	10 €	
33	Vorfahrt nicht beachtet und dadurch eine vorfahrtberechtigte Person wesentlich behindert	§ 8 Absatz 2 Satz 2 § 49 Absatz 1 Nummer 8	25 €	
34	Vorfahrt nicht beachtet und dadurch eine vorfahrtberechtigte Person gefährdet	§ 8 Absatz 2 Satz 2 § 49 Absatz 1 Nummer 8	100 €	1
	Abbiegen, Wenden, Rückwärtsfahren			
35	Abgebogen, ohne sich ordnungsgemäß oder rechtzeitig eingeordnet oder ohne vor dem Einordnen oder Abbiegen auf den nachfolgenden Verkehr geachtet zu haben	§ 9 Absatz 1 Satz 2, 4 § 49 Absatz 1 Nummer 9	10 €	
35.1	– mit Gefährdung	§ 9 Absatz 1 Satz 2, 4 § 1 Absatz 2 § 49 Absatz 1 Nummer 1, 9	30 €	
35.2	– mit Sachbeschädigung		35 €	
36	Beim Linksabbiegen auf längs verlegten Schienen eingeordnet und dadurch ein Schienenfahrzeug behindert	§ 9 Absatz 1 Satz 3 § 49 Absatz 1 Nummer 9	5 €	
(37 bis 37.3)	(aufgehoben)			

1 BKatV Anlage — Bußgeldkatalog-Verordnung

Lfd. Nr.	Tatbestand	Straßenverkehrs-Ordnung (StVO)	Regelsatz in Euro (€), Fahrverbot in Monaten	Punkte
38	Beim Linksabbiegen mit dem Fahrrad nach einer Kreuzung oder Einmündung die Fahrbahn überquert und dabei den Fahrzeugverkehr nicht beachtet oder einer Radverkehrsführung im Kreuzungs- oder Einmündungsbereich nicht gefolgt	§ 9 Absatz 2 Satz 2, 3 § 49 Absatz 1 Nummer 9	15 €	
38.1	– mit Behinderung	§ 9 Absatz 2 Satz 2, 3 § 1 Absatz 2 § 49 Absatz 1 Nummer 1, 9	20 €	
38.2	– mit Gefährdung		25 €	
38.3	– mit Sachbeschädigung		30 €	
39	Abgebogen, ohne Fahrzeug durchfahren zu lassen	§ 9 Absatz 3 Satz 1, 2, Absatz 4 Satz 1 § 49 Absatz 1 Nummer 9	20 €	
39.1	– mit Gefährdung	§ 9 Absatz 3 Satz 1, 2, Absatz 4 Satz 1 § 1 Absatz 2 § 49 Absatz 1 Nummer 1, 9	70 €	1
(40)	(aufgehoben)			
41	Beim Abbiegen auf zu Fuß Gehende keine besondere Rücksicht genommen und diese dadurch gefährdet	§ 9 Absatz 3 Satz 3 § 1 Absatz 2 § 49 Absatz 1 Nummer 1, 9	70 €	1
42	Beim Linksabbiegen nicht voreinander abgebogen	§ 9 Absatz 4 Satz 2 § 49 Absatz 1 Nummer 9	10 €	
42.1	– mit Gefährdung	§ 9 Absatz 4 Satz 2	70 €	1

Bußgeldkatalog-Verordnung **Anlage BKatV 1**

Lfd. Nr.	Tatbestand	Straßenverkehrs-Ordnung (StVO)	Regelsatz in Euro (€), Fahrverbot in Monaten	Punkte
(43)	(aufgehoben)	§ 1 Absatz 2 § 49 Absatz 1 Nummer 1, 9		
44	Beim Abbiegen in ein Grundstück, beim Wenden oder Rückwärtsfahren einen anderen Verkehrsteilnehmer gefährdet	§ 9 Absatz 5 § 49 Absatz 1 Nummer 9	80 €	1
(45)	(aufgehoben)			
(46)	(aufgehoben)			
	Einfahren und Anfahren			
47	Aus einem Grundstück, einem Fußgängerbereich (Zeichen 242.1, 242.2), einem verkehrsberuhigten Bereich (Zeichen 325.1, 325.2) auf die Straße oder von einem anderen Straßenteil oder über einen abgesenkten Bordstein hinweg auf die Fahrbahn eingefahren oder vom Fahrbahnrand angefahren und dadurch einen anderen Verkehrsteilnehmer gefährdet	§ 10 Satz 1 § 49 Absatz 1 Nummer 10	30 €	
47.1	– mit Sachbeschädigung	§ 10 Satz 1 § 1 Absatz 2 § 49 Absatz 1 Nummer 1, 10	35 €	
(48)	(aufgehoben)			
	Besondere Verkehrslagen			
49	Trotz stockenden Verkehrs in eine Kreuzung oder Einmündung eingefahren und dadurch einen Anderen behindert	§ 11 Absatz 1 § 1 Absatz 2 § 49 Absatz 1 Nummer 1, 11	20 €	
50	Bei stockendem Verkehr auf einer Autobahn oder Außerortsstraße für die Durchfahrt	§ 11 Absatz 2 § 49 Absatz 1 Nummer 11	20 €	

1 BKatV Anlage

Bußgeldkatalog-Verordnung

Lfd. Nr.	Tatbestand	Straßenverkehrs-Ordnung (StVO)	Regelsatz in Euro (€), Fahrverbot in Monaten	Punkte
	von Polizei- oder Hilfsfahrzeugen keine vorschriftsmäßige Gasse gebildet			
	Halten und Parken			
51	Unzulässig gehalten	§ 12 Absatz 1 § 49 Absatz 1 Nummer 12 § 37 Absatz 1 Satz 2, Absatz 5 § 49 Absatz 3 Nummer 2 § 41 Absatz 1 i. V. m. Anlage 2 lfd. Nr. 1, 2, 3 (Zeichen 201, 205, 206) Spalte 3 Nummer 2, lfd. Nr. 8 (Zeichen 215) Spalte 3 Nummer 3, lfd. Nr. 15 (Zeichen 229) Spalte 3 Satz 1, lfd. Nr. 62 (Zeichen 283) Spalte 3, lfd. Nr. 63, 64 (Zeichen 286, 290.1) Spalte 3 Nummer 1, lfd. Nr. 66 (Zeichen 293) Spalte 3, lfd. Nr. 68 (Zeichen 295) Spalte 3 Nummer 2a, lfd. Nr. 70 (Zeichen 297) Spalte 3	10 €	

Bußgeldkatalog-Verordnung **Anlage BKatV 1**

Lfd. Nr.	Tatbestand	Straßenverkehrs-Ordnung (StVO)	Regelsatz in Euro (€), Fahrverbot in Monaten	Punkte
		Nummer 2, lfd. Nr. 73 (Zeichen 299) Spalte 3 Satz 1 § 49 Absatz 3 Nummer 4		
51.1	– mit Behinderung	§ 12 Absatz 1 § 1 Absatz 2 § 49 Absatz 1 Nummer 1, 12 § 37 Absatz 1 Satz 2, Absatz 5 § 1 Absatz 2 § 49 Absatz 1 Nummer 1, Absatz 3 Nummer 2 § 41 Absatz 1 i. V. m. Anlage 2 lfd. Nr. 1, 2, 3 (Zeichen 201, 205, 206) Spalte 3 Nummer 2, lfd. Nr. 8 (Zeichen 215) Spalte 3 Nummer 3, lfd. Nr. 15 (Zeichen 229) Spalte 3 Satz 1, lfd. Nr. 62 (Zeichen 283) Spalte 3, lfd. Nr. 63, 64 (Zeichen 286, 290.1) Spalte 3 Nummer 1, lfd. Nr. 66 (Zeichen 293) Spalte 3, lfd. Nr. 68	15 €	

1 BKatV Anlage

Bußgeldkatalog-Verordnung

Lfd. Nr.	Tatbestand	Straßenverkehrs-Ordnung (StVO)	Regelsatz in Euro (€), Fahrverbot in Monaten	Punkte
		(Zeichen 295) Spalte 3 Nummer 2a, lfd. Nr. 70 (Zeichen 297) Spalte 3 Nummer 2, lfd. Nr. 73 (Zeichen 299) Spalte 3 Satz 1 § 1 Absatz 2 § 49 Absatz 1 Nummer 1, Absatz 3 Nummer 4		
51 a	Unzulässig in „zweiter Reihe" gehalten	§ 12 Absatz 4 Satz 1, 2 Halbsatz 2 § 49 Absatz 1 Nummer 12	15 €	
51 a.1	– mit Behinderung	§ 12 Absatz 4 Satz 1, 2 Halbsatz 2 § 1 Absatz § 49 Absatz 1 Nummer 1, 12	20 €	
51 b	An einer engen oder unübersichtlichen Straßenstelle oder im Bereich einer scharfen Kurve geparkt (§ 12 Absatz 2 StVO)	§ 12 Absatz 1 Nummer 1, 2 § 49 Absatz 1 Nummer 12	15 €	
51 b.1	– mit Behinderung	§ 12 Absatz 1 Nummer 1, 2 § 1 Absatz 2 § 49 Absatz 1 Nummer 1, 12	25 €	
51 b.2	länger als 1 Stunde	§ 12 Absatz 1 Nummer 1, 2 § 49 Absatz 1 Nummer 12	25 €	

Bußgeldkatalog-Verordnung **Anlage BKatV 1**

Lfd. Nr.	Tatbestand	Straßenverkehrs-Ordnung (StVO)	Regelsatz in Euro (€), Fahrverbot in Monaten	Punkte
51 b.2.1	– mit Behinderung	§ 12 Absatz 1 Nummer 1, 2 § 1 Absatz 2 § 49 Absatz 1 Nummer 1, 12	35 €	
51 b.3	wenn ein Rettungsfahrzeug im Einsatz behindert worden ist	§ 12 Absatz 1 Nummer 1, 2 § 1 Absatz 2 § 49 Absatz 1 Nummer 1, 12	60 €	1
52	Unzulässig geparkt (§ 12 Absatz 2 StVO) in den Fällen, in denen das Halten verboten ist	§ 12 Absatz 1 Nummer 3, 4 § 49 Absatz 1 Nummer 12 § 37 Absatz 1 Satz 2, Absatz 5 § 49 Absatz 3 Nummer 2 § 41 Absatz 1 i. V. m. Anlage 2 lfd. Nr. 1, 2, 3 (Zeichen 201, 205, 206) Spalte 3 Nummer 2, lfd. Nr. 8 (Zeichen 215) Spalte 3 Nummer 3, lfd. Nr. 15 (Zeichen 229) Spalte 3 Satz 1, lfd. Nr. 17 (Zeichen 238) Spalte 3 Nummer 2, lfd. Nr. 62 (Zeichen 283) Spalte 3, lfd. Nr. 63, 64 (Zeichen 286, 290.1) Spalte 3	15 €	

1 BKatV Anlage

Bußgeldkatalog-Verordnung

Lfd. Nr.	Tatbestand	Straßenverkehrs-Ordnung (StVO)	Regelsatz in Euro (€), Fahrverbot in Monaten	Punkte
52.1	– mit Behinderung	Nummer 1, lfd. Nr. 66 (Zeichen 293) Spalte 3, lfd. Nr. 68 (Zeichen 295) Spalte 3 Nummer 2a, lfd. Nr. 70 (Zeichen 297) Spalte 3 Nummer 2, lfd. Nr. 73 (Zeichen 299) Spalte 3 Satz 1 § 49 Absatz 3 Nummer 4 § 12 Absatz 1 Nummer 3, 4 § 1 Absatz 2 § 49 Absatz 1 Nummer 1, 12 § 41 Absatz 1 i. V. m. Anlage 2 lfd. Nr. 1, 2, 3 (Zeichen 201, 205, 206) Spalte 3 Nummer 2, lfd. Nr. 8 (Zeichen 215) Spalte 3 Nummer 3, lfd. Nr. 15 (Zeichen 229) Spalte 3 Satz 1, lfd. Nr. 17 (Zeichen 238) Spalte 3 Nummer 2, lfd. Nr. 62 (Zeichen 283) Spalte 3,	25 €	

Bußgeldkatalog-Verordnung **Anlage BKatV 1**

Lfd. Nr.	Tatbestand	Straßenverkehrs-Ordnung (StVO)	Regelsatz in Euro (€), Fahrverbot in Monaten	Punkte
		lfd. Nr. 63, 64 (Zeichen 286, 290.1) Spalte 3 Nummer 1, lfd. Nr. 66 (Zeichen 293) Spalte 3, lfd. Nr. 68 (Zeichen 295) Spalte 3 Nummer 2 a, lfd. Nr. 70 (Zeichen 297) Spalte 3 Nummer 2, lfd. Nr. 73 (Zeichen 299) Spalte 3 Satz 1 § 1 Absatz 2 § 49 Absatz 1 Nummer 1, Absatz 3 Nummer 4		
52.2	länger als 1 Stunde	§ 12 Absatz 1 Nummer 3, 4 § 49 Absatz 1 Nummer 1, 12 § 41 Absatz 1 i. V. m. Anlage 2 lfd. Nr. 1, 2, 3 (Zeichen 201, 205, 206) Spalte 3 Nummer 2, lfd. Nr. 8 (Zeichen 215) Spalte 3 Nummer 3, lfd. Nr. 15 (Zeichen 229) Spalte 3 Satz 1, lfd. Nr. 17 (Zeichen 238) Spalte 3	25 €	

1 BKatV Anlage Bußgeldkatalog-Verordnung

Lfd. Nr.	Tatbestand	Straßenverkehrs-Ordnung (StVO)	Regelsatz in Euro (€), Fahrverbot in Monaten	Punkte
		Nummer 2, lfd. Nr. 62 (Zeichen 283) Spalte 3, lfd. Nr. 63, 64 (Zeichen 286, 290.1) Spalte 3 Nummer 1, lfd. Nr. 66 (Zeichen 293) Spalte 3, lfd. Nr. 68 (Zeichen 295) Spalte 3 Nummer 2a, lfd. Nr. 70 (Zeichen 297) Spalte 3 Nummer 2, lfd. Nr. 73 (Zeichen 299) Spalte 3 Satz 1 § 49 Absatz 3 Nummer 4		
52.2.1	– mit Behinderung	§ 12 Absatz 1 Nummer 3, 4 § 49 Absatz 1 Nummer 12 § 41 Absatz 1 i. V. m. Anlage 2 lfd. Nr. 1, 2, 3 (Zeichen 201, 205, 206) Spalte 3 Nummer 2, lfd. Nr. 8 (Zeichen 215) Spalte 3 Nummer 3, lfd. Nr. 15 (Zeichen 229) Spalte 3 Satz 1, lfd. Nr. 17	35 €	

Bußgeldkatalog-Verordnung **Anlage BKatV 1**

Lfd. Nr.	Tatbestand	Straßenverkehrs-Ordnung (StVO)	Regelsatz in Euro (€), Fahrverbot in Monaten	Punkte
		(Zeichen 238) Spalte 3 Nummer 2, lfd. Nr. 62 (Zeichen 283) Spalte 3, lfd. Nr. 63, 64 (Zeichen 286, 290.1) Spalte 3 Nummer 1, lfd. Nr. 66 (Zeichen 293) Spalte 3, lfd. Nr. 68 (Zeichen 295) Spalte 3 Nummer 2a, lfd. Nr. 70 (Zeichen 297) Spalte 3 Nummer 2, lfd. Nr. 73 (Zeichen 299) Spalte 3 Satz 1 § 1 Absatz 2 § 49 Absatz 1 Nummer 1, Absatz 3 Nummer 4		
52a	Unzulässig auf Geh- und Radwegen geparkt (§ 12 Absatz 2 StVO)	§ 12 Absatz 4 Satz 1, Absatz 4a § 49 Absatz 1 Nummer 12 § 41 Absatz 1 i. V. m. Anlage 2 lfd. Nr. 16, 19, 20 (Zeichen 237, 240, 241) Spalte 3 Nummer 2 § 49 Absatz 3 Nummer 4	20 €	

1 BKatV Anlage Bußgeldkatalog-Verordnung

Lfd. Nr.	Tatbestand	Straßenverkehrs-Ordnung (StVO)	Regelsatz in Euro (€), Fahrverbot in Monaten	Punkte
52 a.1	– mit Behinderung	§ 12 Absatz 4 Satz 1, Absatz 4 a § 1 Absatz 2 § 49 Absatz 1 Nummer 1, 12 § 41 Absatz 1 i. V. m. Anlage 2 lfd. Nr. 16, 19, 20 (Zeichen 237, 240, 241) Spalte 3 Nummer 2 § 1 Absatz 2 § 49 Absatz 1 Nummer 1, Absatz 3 Nummer 4	30 €	
52 a.2	länger als 1 Stunde	§ 12 Absatz 4 Satz 1, Absatz 4 a § 49 Absatz 1 Nummer 12 § 41 Absatz 1 i. V. m. Anlage 2 lfd. Nr. 16, 19, 20 (Zeichen 237, 240, 241) Spalte 3 Nummer 2 § 49 Absatz 3 Nummer 4	30 €	
52 a.2.1	– mit Behinderung	§ 12 Absatz 4 Satz 1, Absatz 4 a § 1 Absatz 2 § 49 Absatz 1 Nummer 1, 12 § 41 Absatz 1 i. V. m. Anlage 2 lfd. Nr. 16, 19, 20 (Zeichen 237, 240, 241) Spalte 3 Nummer 2	35 €	

Bußgeldkatalog-Verordnung **Anlage BKatV 1**

Lfd. Nr.	Tatbestand	Straßenverkehrs-Ordnung (StVO)	Regelsatz in Euro (€), Fahrverbot in Monaten	Punkte
		§ 1 Absatz 2 § 49 Absatz 1 Nummer 1, Absatz 3 Nummer 4		
53	Vor oder in amtlich gekennzeichneten Feuerwehrzufahrten geparkt (§ 12 Absatz 2 StVO)	§ 12 Absatz 1 Nummer 5 § 49 Absatz 1 Nummer 12	35 €	
53.1	und dadurch ein Rettungsfahrzeug im Einsatz behindert	§ 12 Absatz 1 Nummer 5 § 1 Absatz 2 § 49 Absatz 1 Nummer 1, 12	65 €	1
54	Unzulässig geparkt (§ 12 Absatz 2 StVO) in den in § 12 Absatz 3 Nummer 1 bis 5 genannten Fällen oder in den Fällen der Zeichen 201, 224, 295, 296, 299, 306, 314 mit Zusatzzeichen und 315 StVO	§ 12 Absatz 3 Nummer 1 bis 5 § 49 Absatz 1 Nummer 12 § 41 Absatz 1 i. V. m. Anlage 2 lfd. Nr. 1 (Zeichen 201) Spalte 3 Nummer 3, lfd. Nr. 14 (Zeichen 224) Spalte 3 Satz 1, lfd. Nr. 68 (Zeichen 295) Spalte 3 Nummer 1 d, lfd. Nr. 69 (Zeichen 296) Spalte 3 Nummer 2, lfd. Nr. 73 (Zeichen 299) Spalte 3 Satz 1 § 49 Absatz 3 Nummer 4 § 42 Absatz 2 i. V. m. Anlage 3	10 €	

1 BKatV Anlage — Bußgeldkatalog-Verordnung

Lfd. Nr.	Tatbestand	Straßenverkehrs-Ordnung (StVO)	Regelsatz in Euro (€), Fahrverbot in Monaten	Punkte
		lfd. Nr. 2 (Zeichen 306) Spalte 3 Satz 1, lfd. Nr. 7 (Zeichen 314 mit Zusatzzeichen) Spalte 3 Nummer 1, 2, lfd. Nr. 10 (Zeichen 315) Spalte 3 Nummer 1, 2 § 49 Absatz 3 Nummer 5		
54.1	– mit Behinderung	§ 12 Absatz 3 Nummer 1 bis 5 § 1 Absatz 2 § 49 Absatz 1 Nummer 1, 12 § 41 Absatz 1 i. V. m. Anlage 2 lfd. Nr. 1 (Zeichen 201) Spalte 3 Nummer 3, lfd. Nr. 14 (Zeichen 224) Spalte 3 Satz 1, lfd. Nr. 68 (Zeichen 295) Spalte 3 Nummer 1 d, lfd. Nr. 69 (Zeichen 296) Spalte 3 Nummer 2, lfd. Nr. 73 (Zeichen 299) Spalte 3 Satz 1 § 1 Absatz 2 § 49 Absatz 1 Nummer 1,	15 €	

Bußgeldkatalog-Verordnung **Anlage BKatV 1**

Lfd. Nr.	Tatbestand	Straßenverkehrs-Ordnung (StVO)	Regelsatz in Euro (€), Fahrverbot in Monaten	Punkte
		Absatz 3 Nummer 4 § 42 Absatz 2 i. V. m. Anlage 3 lfd. Nr. 2 (Zeichen 306) Spalte 3 Satz 1, lfd. Nr. 7 (Zeichen 314 mit Zusatzzeichen) Spalte 3 Nummer 1, 2, lfd. Nr. 10 (Zeichen 315) Spalte 3 Nummer 1, 2 § 1 Absatz 2 § 49 Absatz 1 Nummer 1, Absatz 3 Nummer 5		
54.2	länger als 3 Stunden	§ 12 Absatz 3 Nummer 1 bis 5 § 49 Absatz 1 Nummer 12 § 41 Absatz 1 i. V. m. Anlage 2 lfd. Nr. 1 (Zeichen 201) Spalte 3 Nummer 3, lfd. Nr. 14 (Zeichen 224) Spalte 3 Satz 1, lfd. Nr. 68 (Zeichen 295) Spalte 3 Nummer 1 d, lfd. Nr. 69 (Zeichen 296) Spalte 3	20 €	

33

1 BKatV Anlage — Bußgeldkatalog-Verordnung

Lfd. Nr.	Tatbestand	Straßenverkehrs-Ordnung (StVO)	Regelsatz in Euro (€), Fahrverbot in Monaten	Punkte
		Nummer 2, lfd. Nr. 73 (Zeichen 299) Spalte 3 Satz 1 § 49 Absatz 3 Nummer 4 § 42 Absatz 2 i. V. m. Anlage 3 lfd. Nr. 2 (Zeichen 306) Spalte 3 Satz 1, lfd. Nr. 7 (Zeichen 314 mit Zusatzzeichen) Spalte 3 Nummer 1, 2, lfd. Nr. 10 (Zeichen 315) Spalte 3 Nummer 1, 2 § 49 Absatz 3 Nummer 5		
54.2.1	– mit Behinderung	§ 12 Absatz 3 Nummer 1 bis 5 § 1 Absatz 2 § 49 Absatz 1 Nummer 1, 12 § 41 Absatz 1 i. V. m. Anlage 2 lfd. Nr. 1 (Zeichen 201) Spalte 3 Nummer 3, lfd. Nr. 14 (Zeichen 224) Spalte 3 Satz 1, lfd. Nr. 68 (Zeichen 295) Spalte 3 Nummer 1 d, lfd. Nr. 69 (Zeichen 296)	30 €	

Bußgeldkatalog-Verordnung   **Anlage BKatV 1**

Lfd. Nr.	Tatbestand	Straßenverkehrs-Ordnung (StVO)	Regelsatz in Euro (€), Fahrverbot in Monaten	Punkte
		Spalte 3 Nummer 2, lfd. Nr. 73 (Zeichen 299) Spalte 3 Satz 1 § 1 Absatz 2 § 49 Absatz 1 Nummer 1, Absatz 3 Nummer 4 § 42 Absatz 2 i. V. m. Anlage 3 lfd. Nr. 2 (Zeichen 306) Spalte 3 Satz 1, lfd. Nr. 7 (Zeichen 314 mit Zusatzzeichen) Spalte 3 Nummer 1, 2, lfd. Nr. 10 (Zeichen 315) Spalte 3 Nummer 1, 2 § 1 Absatz 2 § 49 Absatz 1 Nummer 1, Absatz 3 Nummer 5		
54 a	Unzulässig auf Schutzstreifen für den Radverkehr geparkt	§ 42 Absatz 2 i. V. m. Anlage 3 lfd. Nr. 22 (Zeichen 340) Spalte 3 Nummer 3 § 49 Absatz 3 Nummer 5	20 €	
54 a.1	– mit Behinderung	§ 42 Absatz 2 i. V. m. Anlage 3 lfd. Nr. 22 (Zeichen 340) Spalte 3 Nummer 3	30 €	

1 BKatV Anlage

Bußgeldkatalog-Verordnung

Lfd. Nr.	Tatbestand	Straßenverkehrs-Ordnung (StVO)	Regelsatz in Euro (€), Fahrverbot in Monaten	Punkte
54 a.2	länger als 3 Stunden	§ 1 Absatz 2 § 49 Absatz 1 Nummer 1, Absatz 3 Nummer 5 § 42 Absatz 2 i. V. m. Anlage 3 lfd. Nr. 22 (Zeichen 340) Spalte 3 Nummer 3 § 49 Absatz 3 Nummer 5	30 €	
54 a.2.1	– mit Behinderung	§ 42 Absatz 2 i. V. m. Anlage 3 lfd. Nr. 22 (Zeichen 340) Spalte 3 Nummer 3 § 1 Absatz 2 § 49 Absatz 1 Nummer 1, Absatz 3 Nummer 5	35 €	
55	Unberechtigt auf Schwerbehinderten-Parkplatz geparkt (§ 12 Absatz 2 StVO)	§ 42 Absatz 2 i. V. m. Anlage 3 lfd. Nr. 7 (Zeichen 314) Spalte 3 Nummer 1, 2 d, lfd. Nr. 10 (Zeichen 315) Spalte 3 Nummer 1 Satz 2, Nummer 2 d § 49 Absatz 3 Nummer 5	35 €	
56	In einem nach § 12 Absatz 3 a Satz 1 StVO geschützten Bereich während nicht zugelassener Zeiten mit einem Kraft-	§ 12 Absatz 3 a Satz 1 § 49 Absatz 1 Nummer 12	30 €	

Bußgeldkatalog-Verordnung **Anlage BKatV 1**

Lfd. Nr.	Tatbestand	Straßenverkehrs-Ordnung (StVO)	Regelsatz in Euro (€), Fahrverbot in Monaten	Punkte
	fahrzeug über 7,5 t zulässiger Gesamtmasse oder einem Kraftfahrzeuganhänger über 2 t zulässiger Gesamtmasse regelmäßig geparkt (§ 12 Absatz 2 StVO)			
57	Mit Kraftfahrzeuganhänger ohne Zugfahrzeug länger als zwei Wochen geparkt (§ 12 Absatz 2 StVO)	§ 12 Absatz 3 b Satz 1 § 49 Absatz 1 Nummer 12	20 €	
58	In „zweiter Reihe" geparkt (§ 12 Absatz 2 StVO)	§ 12 Absatz 4 Satz 1 § 49 Absatz 1 Nummer 12	20 €	
58.1	– mit Behinderung	§ 12 Absatz 4 Satz 1 § 1 Absatz 2 § 49 Absatz 1 Nummer 1, 12	25 €	
58.2	länger als 15 Minuten	§ 12 Absatz 4 Satz 1 § 49 Absatz 1 Nummer 12	30 €	
58.2.1	– mit Behinderung	§ 12 Absatz 4 Satz 1 § 1 Absatz 2 § 49 Absatz 1 Nummer 1, 12	35 €	
59	Im Fahrraum von Schienenfahrzeugen gehalten	§ 12 Absatz 4 Satz 5 § 49 Absatz 1 Nummer 12	20 €	
59.1	– mit Behinderung	§ 12 Absatz 4 Satz 5 § 1 Absatz 2 § 49 Absatz 1 Nummer 1, 12	30 €	
60	Im Fahrraum von Schienenfahrzeugen geparkt (§ 12 Absatz 2 StVO)	§ 12 Absatz 4 Satz 5 § 49 Absatz 1 Nummer 12	25 €	

1 BKatV Anlage

Bußgeldkatalog-Verordnung

Lfd. Nr.	Tatbestand	Straßenverkehrs-Ordnung (StVO)	Regelsatz in Euro (€), Fahrverbot in Monaten	Punkte
60.1	– mit Behinderung	§ 12 Absatz 4 Satz 5 § 1 Absatz 2 § 49 Absatz 1 Nummer 1, 12	35 €	
61	Vorrang des Berechtigten beim Einparken in eine Parklücke nicht beachtet	§ 12 Absatz 5 § 49 Absatz 1 Nummer 12	10 €	
62	Nicht Platz sparend gehalten oder geparkt (§ 12 Absatz 2 StVO)	§ 12 Absatz 6 § 49 Absatz 1 Nummer 12	10 €	
	Einrichtungen zur Überwachung der Parkzeit			
63	An einer abgelaufenen Parkuhr, ohne vorgeschriebene Parkscheibe, ohne Parkschein oder unter Überschreiten der erlaubten Höchstparkdauer geparkt (§ 12 Absatz 2 StVO)	§ 13 Absatz 1, 2 § 49 Absatz 1 Nummer 13	10 €	
63.1	bis zu 30 Minuten		10 €	
63.2	bis zu 1 Stunde		15 €	
63.3	bis zu 2 Stunden		20 €	
63.4	bis zu 3 Stunden		25 €	
63.5	länger als 3 Stunden		30 €	
	Sorgfaltspflichten beim Ein- und Aussteigen			
64	Beim Ein- oder Aussteigen einen anderen Verkehrsteilnehmer gefährdet	§ 14 Absatz 1 § 49 Absatz 1 Nummer 14	20 €	
64.1	– mit Sachbeschädigung	§ 14 Absatz 1 § 1 Absatz 2 § 49 Absatz 1 Nummer 1, 14	25 €	
65	Fahrzeug verlassen, ohne die nötigen Maßnahmen getroffen zu haben, um Unfälle oder Verkehrsstörungen zu vermeiden	§ 14 Absatz 2 Satz 1 § 49 Absatz 1 Nummer 14	15 €	

Bußgeldkatalog-Verordnung **Anlage BKatV 1**

Lfd. Nr.	Tatbestand	Straßenverkehrs-Ordnung (StVO)	Regelsatz in Euro (€), Fahrverbot in Monaten	Punkte
65.1	– mit Sachbeschädigung	§ 14 Absatz 2 Satz 1 § 1 Absatz 2 § 49 Absatz 1 Nummer 1, 14	25 €	
	Liegenbleiben von Fahrzeugen			
66	Liegen gebliebenes mehrspuriges Fahrzeug nicht oder nicht wie vorgeschrieben abgesichert, beleuchtet oder kenntlich gemacht und dadurch einen Anderen gefährdet	§ 15, auch i. V. m. § 17 Absatz 4 Satz 1, 3 § 1 Absatz 2 § 49 Absatz 1 Nummer 1, 15	60 €	1
	Abschleppen von Fahrzeugen			
67	Beim Abschleppen eines auf der Autobahn liegen gebliebenen Fahrzeugs die Autobahn nicht bei der nächsten Ausfahrt verlassen oder mit einem außerhalb der Autobahn liegen gebliebenen Fahrzeug in die Autobahn eingefahren	§ 15 a Absatz 1, 2 § 49 Absatz 1 Nummer 15 a	20 €	
68	Während des Abschleppens Warnblinklicht nicht eingeschaltet	§ 15 a Absatz 3 § 49 Absatz 1 Nummer 15 a	5 €	
69	Kraftrad abgeschleppt	§ 15 a Absatz 4 § 49 Absatz 1 Nummer 15 a	10 €	
	Warnzeichen			
70	Missbräuchlich Schall- oder Leuchtzeichen gegeben und dadurch einen Anderen belästigt oder Schallzeichen gegeben, die aus einer Folge verschieden hoher Töne bestehen	§ 16 Absatz 1, 3 § 1 Absatz 2 § 49 Absatz 1 Nummer 1, 16	10 €	

1 BKatV Anlage — Bußgeldkatalog-Verordnung

Lfd. Nr.	Tatbestand	Straßenverkehrs-Ordnung (StVO)	Regelsatz in Euro (€), Fahrverbot in Monaten	Punkte
71	Einen Omnibus des Linienverkehrs oder einen gekennzeichneten Schulbus geführt und Warnblinklicht bei Annäherung an eine Haltestelle oder für die Dauer des Ein- und Aussteigens der Fahrgäste entgegen der straßenverkehrsbehördlichen Anordnung nicht eingeschaltet	§ 16 Absatz 2 Satz 1 § 49 Absatz 1 Nummer 16	10 €	
72	Warnblinklicht missbräuchlich eingeschaltet	§ 16 Absatz 2 Satz 2 § 49 Absatz 1 Nummer 16	5 €	
	Beleuchtung			
73	Vorgeschriebene Beleuchtungseinrichtungen nicht oder nicht vorschriftsmäßig benutzt, obwohl die Sichtverhältnisse es erforderten, oder nicht rechtzeitig abgeblendet oder Beleuchtungseinrichtungen in verdecktem oder beschmutztem Zustand benutzt	§ 17 Absatz 1, 2 Satz 3, Absatz 3 Satz 2, 5, Absatz 6 § 49 Absatz 1 Nummer 17	20 €	
73.1	– mit Gefährdung	§ 17 Absatz 1, 2 Satz 3, Absatz 3 Satz 2, 5, Absatz 6 § 1 Absatz 2 § 49 Absatz 1 Nummer 1, 17	25 €	
73.2	– mit Sachbeschädigung		35 €	
74	Nur mit Standlicht oder auf einer Straße mit durchgehender, ausreichender Beleuchtung mit Fernlicht gefahren oder mit einem Kraftrad am Tage nicht mit Abblendlicht oder eingeschalteten Tagfahrleuchten gefahren	§ 17 Absatz 2 Satz 1, 2, Absatz 2 a § 49 Absatz 1 Nummer 17	10 €	

Bußgeldkatalog-Verordnung **Anlage BKatV 1**

Lfd. Nr.	Tatbestand	Straßenverkehrs-Ordnung (StVO)	Regelsatz in Euro (€), Fahrverbot in Monaten	Punkte
74.1	– mit Gefährdung	§ 17 Absatz 2 Satz 1, 2, Absatz 2a § 1 Absatz 2 § 49 Absatz 1 Nummer 1, 17	15 €	
74.2	– mit Sachbeschädigung		35 €	
75	Bei erheblicher Sichtbehinderung durch Nebel, Schneefall oder Regen innerhalb geschlossener Ortschaften am Tage nicht mit Abblendlicht gefahren	§ 17 Absatz 3 Satz 1 § 49 Absatz 1 Nummer 17	25 €	
75.1	– mit Sachbeschädigung	§ 17 Absatz 3 Satz 1 § 1 Absatz 2 § 49 Absatz 1 Nummer 1, 17	35 €	
76	Bei erheblicher Sichtbehinderung durch Nebel, Schneefall oder Regen außerhalb geschlossener Ortschaften am Tage nicht mit Abblendlicht gefahren	§ 17 Absatz 3 Satz 1 § 49 Absatz 1 Nummer 17	60 €	1
77	Haltendes mehrspuriges Fahrzeug nicht oder nicht wie vorgeschrieben beleuchtet oder kenntlich gemacht	§ 17 Absatz 4 Satz 1, 3 § 49 Absatz 1 Nummer 17	20 €	
77.1	– mit Sachbeschädigung	§ 17 Absatz 4 Satz 1, 3 § 1 Absatz 2 § 49 Absatz 1 Nummer 1, 17	35 €	
	Autobahnen und Kraftfahrstraßen			
78	Autobahn oder Kraftfahrstraße mit einem Fahrzeug benutzt, dessen durch die Bauart bestimmte Höchstgeschwindigkeit weniger als	§ 18 Absatz 1 § 49 Absatz 1 Nummer 18	20 €	

41

1 BKatV Anlage

Bußgeldkatalog-Verordnung

Lfd. Nr.	Tatbestand	Straßenverkehrs-Ordnung (StVO)	Regelsatz in Euro (€), Fahrverbot in Monaten	Punkte
	60 km/h betrug oder dessen zulässige Höchstabmessungen zusammen mit der Ladung überschritten waren, soweit die Gesamthöhe nicht mehr als 4,20 m betrug			
79	Autobahn oder Kraftfahrstraße mit einem Fahrzeug benutzt, dessen Höhe zusammen mit der Ladung mehr als 4,20 m betrug	§ 18 Absatz 1 Satz 2 § 49 Absatz 1 Nummer 18	70 €	1
80	An dafür nicht vorgesehener Stelle eingefahren	§ 18 Absatz 2 § 49 Absatz 1 Nummer 18	25 €	
80.1	– mit Gefährdung	§ 18 Absatz 2 § 1 Absatz 2 § 49 Absatz 1 Nummer 1, 18	75 €	1
(81)	(aufgehoben)			
82	Beim Einfahren Vorfahrt auf der durchgehenden Fahrbahn nicht beachtet	§ 18 Absatz 3 § 49 Absatz 1 Nummer 18	75 €	1
83	Gewendet, rückwärts oder entgegen der Fahrtrichtung gefahren	§ 18 Absatz 7 § 2 Absatz 1 § 49 Absatz 1 Nummer 2, 18		
83.1	in einer Ein- oder Ausfahrt		75 €	1
83.2	auf der Nebenfahrbahn oder dem Seitenstreifen		130 €	1
83.3	auf der durchgehenden Fahrbahn		200 € **Fahrverbot 1 Monat**	2
84	Auf einer Autobahn oder Kraftfahrstraße gehalten	§ 18 Absatz 8 § 49 Absatz 1 Nummer 18	30 €	
85	Auf einer Autobahn oder Kraftfahrstraße geparkt (§ 12 Absatz 2 StVO)	§ 18 Absatz 8 § 49 Absatz 1 Nummer 18	70 €	1

Bußgeldkatalog-Verordnung **Anlage BKatV 1**

Lfd. Nr.	Tatbestand	Straßenverkehrs-Ordnung (StVO)	Regelsatz in Euro (€), Fahrverbot in Monaten	Punkte
86	Als zu Fuß Gehender Autobahn betreten oder Kraftfahrstraße an dafür nicht vorgesehener Stelle betreten	§ 18 Absatz 9 § 49 Absatz 1 Nummer 18	10 €	
87	An dafür nicht vorgesehener Stelle ausgefahren	§ 18 Absatz 10 § 49 Absatz 1 Nummer 18	25 €	
87 a	Mit einem Lastkraftwagen über 7,5 t zulässiger Gesamtmasse, einschließlich Anhänger, oder einer Zugmaschine den äußerst linken Fahrstreifen bei Schneeglätte oder Glatteis oder, obwohl die Sichtweite durch erheblichen Schneefall oder Regen auf 50 m oder weniger eingeschränkt ist, benutzt	§ 18 Absatz 11 § 49 Absatz 1 Nummer 18	80 €	1
88	Seitenstreifen zum Zweck des schnelleren Vorwärtskommens benutzt	§ 2 Absatz 1 § 49 Absatz 1 Nummer 2	75 €	1
	Bahnübergänge			
89	Mit einem Fahrzeug den Vorrang eines Schienenfahrzeugs nicht beachtet	§ 19 Absatz 1 Satz 1 § 49 Absatz 1 Nummer 19 Buchstabe a	80 €	1
89 a	Kraftfahrzeug an einem Bahnübergang (Zeichen 151, 156 bis einschließlich Kreuzungsbereich von Schiene und Straße) unzulässig überholt	§ 19 Absatz 1 Satz 3 § 49 Absatz 1 Nummer 19 Buchstabe a	70 €	1
89 b	Bahnübergang unter Verstoß gegen die Wartepflicht nach § 19 Absatz 2 StVO überquert			
89 b.1	in den Fällen des § 19 Absatz 2 Satz 1 Nummer 1 StVO	§ 19 Absatz 2 Satz 1 Nummer 1 § 49 Absatz 1 Nummer 19 Buchstabe a	80 €	1

1 BKatV Anlage Bußgeldkatalog-Verordnung

Lfd. Nr.	Tatbestand	Straßenverkehrs-Ordnung (StVO)	Regelsatz in Euro (€), Fahrverbot in Monaten	Punkte
89 b.2	in den Fällen des § 19 Absatz 2 Satz 1 Nummer 2 bis 5 StVO (außer bei geschlossener Schranke)	§ 19 Absatz 2 Satz 1 Nummer 2 bis 5 § 49 Absatz 1 Nummer 19 Buchstabe a	240 € **Fahrverbot 1 Monat**	2
90	Vor einem Bahnübergang Wartepflichten verletzt	§ 19 Absatz 2 bis 5 § 49 Absatz 1 Nummer 19 Buchstabe a	10 €	
	Öffentliche Verkehrsmittel und Schulbusse			
91	An einem Omnibus des Linienverkehrs, einer Straßenbahn oder einem gekennzeichneten Schulbus nicht mit Schrittgeschwindigkeit rechts vorbeigefahren, obwohl diese an einer Haltestelle (Zeichen 224) hielten und Fahrgäste ein- oder ausstiegen (soweit nicht von Nummer 11 erfasst)	§ 20 Absatz 2 Satz 1 § 49 Absatz 1 Nummer 19 Buchstabe b	15 €	
92	An einer Haltestelle (Zeichen 224) an einem haltenden Omnibus des Linienverkehrs, einer haltenden Straßenbahn oder einem haltenden gekennzeichneten Schulbus nicht mit Schrittgeschwindigkeit oder ohne ausreichenden Abstand rechts vorbeigefahren oder nicht gewartet, obwohl dies nötig war und Fahrgäste ein- oder ausstiegen, und dadurch einen Fahrgast			
92.1	behindert	§ 20 Absatz 2 § 49 Absatz 1 Nummer 19 Buchstabe b	60 €, soweit sich nicht aus Nummer 11	1

44

Bußgeldkatalog-Verordnung **Anlage BKatV 1**

Lfd. Nr.	Tatbestand	Straßenverkehrs-Ordnung (StVO)	Regelsatz in Euro (€), Fahrverbot in Monaten	Punkte
			ein höherer Regelsatz ergibt	
92.2	gefährdet	§ 20 Absatz 2 Satz 1, 3 § 1 Absatz 2 § 49 Absatz 1 Nummer 1, 19 Buchstabe b	70 €, soweit sich nicht aus Nummer 11, auch i. V. m. Tabelle 4, ein höherer Regelsatz ergibt	1
93	Omnibus des Linienverkehrs oder gekennzeichneten Schulbus, der sich mit eingeschaltetem Warnblinklicht einer Haltestelle (Zeichen 224) nähert, überholt	§ 20 Absatz 3 § 49 Absatz 1 Nummer 19 Buchstabe b	60 €	1
94	An einem Omnibus des Linienverkehrs oder einem gekennzeichneten Schulbus nicht mit Schrittgeschwindigkeit vorbeigefahren, obwohl dieser an einer Haltestelle (Zeichen 224) hielt und Warnblinklicht eingeschaltet hatte (soweit nicht von Nummer 11 erfasst)	§ 20 Absatz 4 Satz 1, 2 § 49 Absatz 1 Nummer 19 Buchstabe b	15 €	
95	An einem Omnibus des Linienverkehrs oder einem gekennzeichneten Schulbus, die an einer Haltestelle (Zeichen 224) hielten und Warnblinklicht eingeschaltet hatten, nicht mit Schrittgeschwindigkeit oder ohne ausreichendem Abstand vorbeigefahren oder nicht gewartet, obwohl dies nötig war, und dadurch einen Fahrgast			

45

1 BKatV Anlage Bußgeldkatalog-Verordnung

Lfd. Nr.	Tatbestand	Straßenverkehrs-Ordnung (StVO)	Regelsatz in Euro (€), Fahrverbot in Monaten	Punkte
95.1	behindert	§ 20 Absatz 4 § 49 Absatz 1 Nummer 19 Buchstabe b	60 €, soweit sich nicht aus Nummer 11 ein höherer Regelsatz ergibt	1
95.2	gefährdet	§ 20 Absatz 4 Satz 1, 2, 4 § 1 Absatz 2 § 49 Absatz 1 Nummer 1, 19 Buchstabe b	70 €, soweit sich nicht aus Nummer 11, auch i. V. m. Tabelle 4, ein höherer Regelsatz ergibt	1
96	Einem Omnibus des Linienverkehrs oder einem Schulbus das Abfahren von einer gekennzeichneten Haltestelle nicht ermöglicht	§ 20 Absatz 5 § 49 Absatz 1 Nummer 19 Buchstabe b	5 €	
96.1	– mit Gefährdung	§ 20 Absatz 5 § 1 Absatz 2 § 49 Absatz 1 Nummer 1, 19 Buchstabe b	20 €	
96.2	– mit Sachbeschädigung		30 €	
	Personenbeförderung, Sicherungspflichten			
97	Gegen eine Vorschrift über die Mitnahme von Personen auf oder in Fahrzeugen verstoßen	§ 21 Absatz 1, 2, 3 § 49 Absatz 1 Nummer 20	5 €	
98	Ein Kind mitgenommen, ohne für die vorschriftsmäßige Sicherung zu sorgen (außer in KOM über 3,5 t zulässige Gesamtmasse)	§ 21 Absatz 1 a Satz 1 § 21 a Absatz 1 Satz 1 § 49 Absatz 1 Nummer 20, 20a		
98.1	bei einem Kind		30 €	
98.2	bei mehreren Kindern		35 €	

Bußgeldkatalog-Verordnung **Anlage BKatV 1**

Lfd. Nr.	Tatbestand	Straßenverkehrs-Ordnung (StVO)	Regelsatz in Euro (€), Fahrverbot in Monaten	Punkte
99	Ein Kind ohne Sicherung mit-genommen oder nicht für eine Sicherung eines Kindes in einem Kfz gesorgt (außer in Kraftomnibus über 3,5 t zulässige Gesamtmasse) oder beim Führen eines Kraftrades ein Kind befördert, obwohl es keinen Schutzhelm trug	§ 21 Absatz 1 a Satz 1 § 21 Absatz 1 Satz 1, Absatz 2 § 49 Absatz 1 Nummer 20, 20 a		
99.1	bei einem Kind		60 €	1
99.2	bei mehreren Kindern		70 €	1
100	Vorgeschriebenen Sicherheitsgurt während der Fahrt nicht angelegt	§ 21 a Absatz 1 Satz 1 § 49 Absatz 1 Nummer 20 a	30 €	
101	Während der Fahrt keinen geeigneten Schutzhelm getragen	§ 21 a Absatz 2 Satz 1 § 49 Absatz 1 Nummer 20 a	15 €	
	Ladung			
102	Ladung oder Ladeeinrichtung nicht so verstaut oder gesichert, dass sie selbst bei Vollbremsung oder plötzlicher Ausweichbewegung nicht verrutschen, umfallen, hin- und herrollen oder herabfallen können			
102.1	bei Lastkraftwagen oder Kraftomnibussen bzw. ihren Anhängern	§ 22 Absatz 1 § 49 Absatz 1 Nummer 21	60 €	1
102.1.1	– mit Gefährdung	§ 22 Absatz 1 § 1 Absatz 2 § 49 Absatz 1 Nummer 1, 21	75 €	1
102.2	bei anderen als in Nummer 102.1 genannten Kraftfahrzeugen bzw. ihren Anhängern	§ 22 Absatz 1 § 49 Absatz 1 Nummer 21	35 €	
102.2.1	– mit Gefährdung	§ 22 Absatz 1 § 1 Absatz 2	60 €	1

1 BKatV Anlage

Bußgeldkatalog-Verordnung

Lfd. Nr.	Tatbestand	Straßenverkehrs-Ordnung (StVO)	Regelsatz in Euro (€), Fahrverbot in Monaten	Punkte
		§ 49 Absatz 1 Nummer 1, 21		
103	Ladung oder Ladeeinrichtung nicht so verstaut oder gesichert, dass sie keinen vermeidbaren Lärm erzeugen können	§ 22 Absatz 1 § 49 Absatz 1 Nummer 21	10 €	
104	Fahrzeug geführt, dessen Höhe zusammen mit der Ladung mehr als 4,20 m betrug	§ 22 Absatz 2 Satz 1 § 49 Absatz 1 Nummer 21	60 €	1
105	Fahrzeug geführt, das zusammen mit der Ladung eine der höchstzulässigen Abmessungen überschritt, soweit die Gesamthöhe nicht mehr als 4,20 m betrug, oder dessen Ladung unzulässig über das Fahrzeug hinausragte	§ 22 Absatz 2, 3, 4 Satz 1, 2, Absatz 5 Satz 2 § 49 Absatz 1 Nummer 21	20 €	
106	Vorgeschriebene Sicherungsmittel nicht oder nicht ordnungsgemäß angebracht	§ 22 Absatz 4 Satz 3 bis 5, Absatz 5 Satz 1 § 49 Absatz 1 Nummer 21	25 €	
	Sonstige Pflichten von Fahrzeugführenden			
107	Beim Führen eines Fahrzeugs nicht dafür gesorgt, dass			
107.1	seine Sicht oder das Gehör durch die Besetzung, Tiere, die Ladung, ein Gerät oder den Zustand des Fahrzeugs nicht beeinträchtigt waren	§ 23 Absatz 1 Satz 1 § 49 Absatz 1 Nummer 22	10 €	
107.2	das Fahrzeug, der Zug, das Gespann, die Ladung oder die Besetzung vorschriftsmäßig waren oder die Verkehrssicherheit des Fahrzeugs durch die Ladung oder die Besetzung nicht litt	§ 23 Absatz 1 Satz 2 § 49 Absatz 1 Nummer 22	25 €	

Bußgeldkatalog-Verordnung **Anlage BKatV 1**

Lfd. Nr.	Tatbestand	Straßenverkehrs-Ordnung (StVO)	Regelsatz in Euro (€), Fahrverbot in Monaten	Punkte
107.3	die vorgeschriebenen Kennzeichen stets gut lesbar waren	§ 23 Absatz 1 Satz 3 § 49 Absatz 1 Nummer 22	5 €	
107.4	an einem Kraftfahrzeug, an dessen Anhänger oder an einem Fahrrad die vorgeschriebene Beleuchtungseinrichtung auch am Tage vorhanden oder betriebsbereit war	§ 23 Absatz 1 Satz 4 § 49 Absatz 1 Nummer 22	20 €	
107.4.1	– mit Gefährdung	§ 23 Absatz 1 Satz 4 § 1 Absatz 2 § 49 Absatz 1 Nummer 1, 22	25 €	
107.4.2	– mit Sachbeschädigung		35 €	
108	Beim Führen eines Fahrzeugs nicht dafür gesorgt, dass das Fahrzeug, der Zug, das Gespann, die Ladung oder die Besetzung vorschriftsmäßig waren, wenn dadurch die Verkehrssicherheit wesentlich beeinträchtigt war oder die Verkehrssicherheit des Fahrzeugs durch die Ladung oder die Besetzung wesentlich litt	§ 23 Absatz 1 Satz 2 § 49 Absatz 1 Nummer 22	80 €	1
(109)	(aufgehoben)			
(109 a)	(aufgehoben)			
110	Fahrzeug, Zug oder Gespann nicht auf dem kürzesten Weg aus dem Verkehr gezogen, obwohl unterwegs die Verkehrssicherheit wesentlich beeinträchtigende Mängel aufgetreten waren, die nicht alsbald beseitigt werden konnten	§ 23 Absatz 2 Halbsatz 1 § 49 Absatz 1 Nummer 22	10 €	

1 BKatV Anlage — Bußgeldkatalog-Verordnung

Lfd. Nr.	Tatbestand	Straßenverkehrs-Ordnung (StVO)	Regelsatz in Euro (€), Fahrverbot in Monaten	Punkte
	Fußgänger			
111	Trotz vorhandenen Gehwegs oder Seitenstreifens auf der Fahrbahn oder außerhalb geschlossener Ortschaften nicht am linken Fahrbahnrand gegangen	§ 25 Absatz 1 Satz 2, 3 Halbsatz 2 § 49 Absatz 1 Nummer 24 Buchstabe a	5 €	
112	Fahrbahn ohne Beachtung des Fahrzeugverkehrs oder nicht zügig auf dem kürzesten Weg quer zur Fahrtrichtung oder an nicht vorgesehener Stelle überschritten	§ 25 Absatz 3 Satz 1 § 49 Absatz 1 Nummer 24 Buchstabe a		
112.1	– mit Gefährdung	§ 25 Absatz 3 Satz 1 § 1 Absatz 2 § 49 Absatz 1 Nummer 1, 24 Buchstabe a	5 €	
112.2	– mit Sachbeschädigung		10 €	
	Fußgängerüberweg			
113	An einem Fußgängerüberweg, den zu Fuß Gehende oder Fahrende von Krankenfahrstühlen oder Rollstühlen erkennbar benutzen wollten, das Überqueren der Fahrbahn nicht ermöglicht oder nicht mit mäßiger Geschwindigkeit herangefahren oder an einem Fußgängerüberweg überholt	§ 26 Absatz 1, 3 § 49 Absatz 1 Nummer 24 Buchstabe b	80 €	1
114	Bei stockendem Verkehr auf einen Fußgängerüberweg gefahren	§ 26 Absatz 2 § 49 Absatz 1 Nummer 24 Buchstabe b	5 €	
	Übermäßige Straßenbenutzung			
115	Als Veranstalter erlaubnispflichtige Veranstaltung ohne Erlaubnis durchgeführt	§ 29 Absatz 2 Satz 1 § 49 Absatz 2 Nummer 6	40 €	

Bußgeldkatalog-Verordnung **Anlage BKatV 1**

Lfd. Nr.	Tatbestand	Straßenverkehrs-Ordnung (StVO)	Regelsatz in Euro (€), Fahrverbot in Monaten	Punkte
116	Ohne Erlaubnis ein Fahrzeug oder einen Zug geführt, dessen Abmessungen, Achslasten oder Gesamtmasse die gesetzlich allgemein zugelassenen Grenzen tatsächlich überschritten oder dessen Bauart dem Fahrzeugführenden kein ausreichendes Sichtfeld ließ	§ 29 Absatz 3 § 49 Absatz 2 Nummer 7	60 €	1
	Umweltschutz			
117	Bei Benutzung eines Fahrzeugs unnötigen Lärm oder vermeidbare Abgasbelästigungen verursacht	§ 30 Absatz 1 Satz 1, 2 § 49 Absatz 1 Nummer 25	10 €	
118	Innerhalb einer geschlossenen Ortschaft unnütz hin- und hergefahren und dadurch Andere belästigt	§ 30 Absatz 1 Satz 3 § 49 Absatz 1 Nummer 25	20 €	
	Sonn- und Feiertagsfahrverbot			
119	Verbotswidrig an einem Sonntag oder Feiertag gefahren	§ 30 Absatz 3 Satz 1 § 49 Absatz 1 Nummer 25	120 €	
120	Als Halter das verbotswidrige Fahren an einem Sonntag oder Feiertag angeordnet oder zugelassen	§ 30 Absatz 3 Satz 1 § 49 Absatz 1 Nummer 25	570 €	
	Inline-Skaten und Rollschuhfahren			
120 a	Beim Inline-Skaten oder Rollschuhfahren Fahrbahn, Seitenstreifen oder Radweg unzulässig benutzt oder bei durch Zusatzzeichen erlaubtem Inline-Skaten und Rollschuhfahren sich nicht mit äußerster Vorsicht und unter besonderer Rücksichtnahme auf den übrigen Verkehr am	§ 31 Absatz 1 Satz 1, Absatz 2 Satz 3 § 49 Absatz 1 Nummer 26	10 €	

1 BKatV Anlage

Bußgeldkatalog-Verordnung

Lfd. Nr.	Tatbestand	Straßenverkehrs-Ordnung (StVO)	Regelsatz in Euro (€), Fahrverbot in Monaten	Punkte
	rechten Rand in Fahrtrichtung bewegt oder Fahrzeugen das Überholen nicht ermöglicht			
120 a.1	– mit Behinderung	§ 31 Absatz 1 Satz 1, Absatz 2 Satz 3 § 1 Absatz 2 § 49 Absatz 1 Nummer 1, 26	15 €	
120 a.2	– mit Gefährdung		20 €	
	Verkehrshindernisse			
121	Straße beschmutzt oder benetzt, obwohl dadurch der Verkehr gefährdet oder erschwert werden konnte	§ 32 Absatz 1 Satz 1 § 49 Absatz 1 Nummer 27	10 €	
122	Verkehrswidrigen Zustand nicht oder nicht rechtzeitig beseitigt oder nicht ausreichend kenntlich gemacht	§ 32 Absatz 1 Satz 2 § 49 Absatz 1 Nummer 27	10 €	
123	Gegenstand auf eine Straße gebracht oder dort liegen gelassen, obwohl dadurch der Verkehr gefährdet oder erschwert werden konnte	§ 32 Absatz 1 Satz 1 § 49 Absatz 1 Nummer 27	60 €	1
124	Gefährliches Gerät nicht wirksam verkleidet	§ 32 Absatz 2 § 49 Absatz 1 Nummer 27	5 €	
	Unfall			
125	Als an einem Unfall beteiligte Person den Verkehr nicht gesichert oder bei geringfügigem Schaden nicht unverzüglich beiseite gefahren	§ 34 Absatz 1 Nummer 2 § 49 Absatz 1 Nummer 29	30 €	
125.1	– mit Sachbeschädigung	§ 34 Absatz 1 Nummer 2 § 1 Absatz 2 § 49 Absatz 1 Nummer 1, 29	35 €	

Bußgeldkatalog-Verordnung **Anlage BKatV 1**

Lfd. Nr.	Tatbestand	Straßenverkehrs-Ordnung (StVO)	Regelsatz in Euro (€), Fahrverbot in Monaten	Punkte
126	Unfallspuren beseitigt, bevor die notwendigen Feststellungen getroffen worden waren	§ 34 Absatz 3 § 49 Absatz 1 Nummer 29	30 €	
	Warnkleidung			
127	Bei Arbeiten außerhalb von Gehwegen oder Absperrungen keine auffällige Warnkleidung getragen	§ 35 Absatz 6 Satz 4 § 49 Absatz 4 Nummer 1 a	5 €	
	Zeichen und Weisungen der Polizeibeamten			
128	Weisung eines Polizeibeamten nicht befolgt	§ 36 Absatz 1 Satz 1, Absatz 3, Absatz 5 Satz 4 § 49 Absatz 3 Nummer 1	20 €	
129	Zeichen oder Haltgebot eines Polizeibeamten nicht befolgt	§ 36 Absatz 1 Satz 1, Absatz 2, Absatz 4, Absatz 5 Satz 4 § 49 Absatz 3 Nummer 1	70 €	1
	Wechsellichtzeichen, Dauerlichtzeichen und Grünpfeil			
130	Beim zu Fuß gehen rotes Wechsellichtzeichen nicht befolgt oder den Weg beim Überschreiten der Fahrbahn beim Wechsel von Grün auf Rot nicht zügig fortgesetzt	§ 37 Absatz 2 Nummer 1 Satz 7, Nummer 2, 5 Satz 3 § 49 Absatz 3 Nummer 2	5 €	
130.1	– mit Gefährdung	§ 37 Absatz 2 Nummer 1 Satz 7, Nummer 2, 5 Satz 3 § 1 Absatz 2 § 49 Absatz 1 Nummer 1, Absatz 3 Nummer 2	5 €	

1 BKatV Anlage

Bußgeldkatalog-Verordnung

Lfd. Nr.	Tatbestand	Straßenverkehrs-Ordnung (StVO)	Regelsatz in Euro (€), Fahrverbot in Monaten	Punkte
130.2	– mit Sachbeschädigung		10 €	
131	Beim Rechtsabbiegen mit Grünpfeil			
131.1	aus einem anderen als dem rechten Fahrstreifen abgebogen	§ 37 Absatz 2 Nummer 1 Satz 9 § 49 Absatz 3 Nummer 2	15 €	
131.2	den Fahrzeugverkehr der freigegebenen Verkehrsrichtungen, ausgenommen den Fahrradverkehr auf Radwegfurten, behindert	§ 37 Absatz 2 Nummer 1 Satz 10 § 49 Absatz 3 Nummer 2	35 €	
132	Als Kfz-Führer in anderen als den Fällen des Rechtsabbiegens mit Grünpfeil rotes Wechsellichtzeichen oder rotes Dauerlichtzeichen nicht befolgt	§ 37 Absatz 2 Nummer 1 Satz 7, 11, Nummer 2, Absatz 3 Satz 1, 2 § 49 Absatz 3 Nummer 2	90 €	1
132.1	– mit Gefährdung	§ 37 Absatz 2 Nummer 1 Satz 7, 11, Nummer 2, Absatz 3 Satz 1, 2 § 1 Absatz 2 § 49 Absatz 1 Nummer 1, Absatz 3 Nummer 2	200 € **Fahrverbot 1 Monat**	2
132.2	– mit Sachbeschädigung		240 € **Fahrverbot 1 Monat**	2
132.3	bei schon länger als 1 Sekunde andauernder Rotphase eines Wechsellichtzeichens	§ 37 Absatz 2 Nummer 1 Satz 7, 11, Nummer 2 § 49 Absatz 3 Nummer 2	200 € **Fahrverbot 1 Monat**	2

Bußgeldkatalog-Verordnung **Anlage BKatV 1**

Lfd. Nr.	Tatbestand	Straßenverkehrs-Ordnung (StVO)	Regelsatz in Euro (€), Fahrverbot in Monaten	Punkte
132.3.1	– mit Gefährdung	§ 37 Absatz 2 Nummer 1 Satz 7, 11, Nummer 2 § 1 Absatz 2 § 49 Absatz 1 Nummer 1, Absatz 3 Nummer 2	320 € **Fahrverbot 1 Monat**	2
132.3.2	– mit Sachbeschädigung		360 € **Fahrverbot 1 Monat**	2
132 a	Als Radfahrer in anderen als den Fällen des Rechtsabbiegens mit Grünpfeil rotes Wechsellichtzeichen oder rotes Dauerlichtzeichen nicht befolgt	§ 37 Absatz 2 Nummer 1 Satz 7, 11, Nummer 2, Absatz 3 Satz 1, 2 § 49 Absatz 3 Nummer 2	60 €	1
132 a.1	– mit Gefährdung	§ 37 Absatz 2 Nummer 1 Satz 7, 11, Nummer 2, Absatz 3 Satz 1, 2	100 €	1
132 a.2	– mit Sachbeschädigung	§ 1 Absatz 2 § 49 Absatz 1 Nummer 1, Absatz 3 Nummer 2	120 €	1
132a.3	bei schon länger als 1 Sekunde andauernder Rotphase eines Wechsellichtzeichens	§ 37 Absatz 2 Nummer 1 Satz 7, 11, Nummer 2 § 49 Absatz 3 Nummer 2	100 €	1
132a.3.1	– mit Gefährdung	§ 37 Absatz 2 Nummer 1 Satz 7, 11, Nummer 2 § 1 Absatz 2	160 €	1

1 BKatV Anlage — Bußgeldkatalog-Verordnung

Lfd. Nr.	Tatbestand	Straßenverkehrs-Ordnung (StVO)	Regelsatz in Euro (€), Fahrverbot in Monaten	Punkte
132a.3.2	– mit Sachbeschädigung	§ 49 Absatz 1 Nummer 1, Absatz 3 Nummer 2	180 €	1
133	Beim Rechtsabbiegen mit Grünpfeil			
133.1	vor dem Rechtsabbiegen nicht angehalten	§ 37 Absatz 2 Nummer 1 Satz 7 § 49 Absatz 3 Nummer 2	70 €	1
133.2	den Fahrzeugverkehr der freigegebenen Verkehrsrichtungen, ausgenommen den Fahrradverkehr auf Radwegfurten, gefährdet	§ 37 Absatz 2 Nummer 1 Satz 10 § 49 Absatz 3 Nummer 2	100 €	1
133.3	den Fußgängerverkehr oder den Fahrradverkehr auf Radwegfurten der freigegebenen Verkehrsrichtungen	§ 37 Absatz 2 Nummer 1 Satz 10 § 49 Absatz 3 Nummer 2		
133.3.1	behindert		100 €	1
133.3.2	gefährdet		150 €	1
	Blaues und gelbes Blinklicht			
134	Blaues Blinklicht zusammen mit dem Einsatzhorn oder allein oder gelbes Blinklicht missbräuchlich verwendet	§ 38 Absatz 1 Satz 1, Absatz 2, Absatz 3 Satz 3 § 49 Absatz 3 Nummer 3	20 €	
135	Einem Einsatzfahrzeug, das blaues Blinklicht zusammen mit dem Einsatzhorn verwendet hatte, nicht sofort freie Bahn geschaffen	§ 38 Absatz 1 Satz 2 § 49 Absatz 3 Nummer 3	20 €	
	Vorschriftzeichen			
136	Zeichen 206 (Halt. Vorfahrt gewähren.) nicht befolgt	§ 41 Absatz 1 i. V. m. Anlage 2 lfd. Nr. 3 (Zeichen 206) Spalte 3	10 €	

Bußgeldkatalog-Verordnung **Anlage BKatV 1**

Lfd. Nr.	Tatbestand	Straßenverkehrs-Ordnung (StVO)	Regelsatz in Euro (€), Fahrverbot in Monaten	Punkte
137	Bei verengter Fahrbahn (Zeichen 208) dem Gegenverkehr keinen Vorrang gewährt	Nummer 1, 3 § 49 Absatz 3 Nummer 4 § 41 Absatz 1 i. V. m. Anlage 2 lfd. Nr. 4 (Zeichen 208) Spalte 3 § 49 Absatz 3 Nummer 4	5 €	
137.1	– mit Gefährdung	§ 41 Absatz 1 i. V. m. Anlage 2 lfd. Nr. 4 (Zeichen 208) Spalte 3 § 1 Absatz 2 § 49 Absatz 1 Nummer 1, Absatz 3 Nummer 4	10 €	
137.2	– mit Sachbeschädigung		20 €	
138	Die durch Vorschriftzeichen (Zeichen 209, 211, 214, 222) vorgeschriebene Fahrtrichtung oder Vorbeifahrt nicht befolgt	§ 41 Absatz 1 i. V. m. Anlage 2 lfd. Nr. 5, 6, 7, 10 (Zeichen 209, 211, 214, 222) Spalte 3 Satz 1 § 49 Absatz 3 Nummer 4	10 €	
138.1	– mit Gefährdung	§ 41 Absatz 1 i. V. m. Anlage 2 lfd. Nr. 5, 6, 7, 10 (Zeichen 209, 211, 214, 222) Spalte 3 Satz 1 § 1 Absatz 2 § 49 Absatz 1 Nummer 1, Absatz 3 Nummer 4	15 €	

1 BKatV Anlage Bußgeldkatalog-Verordnung

Lfd. Nr.	Tatbestand	Straßenverkehrs-Ordnung (StVO)	Regelsatz in Euro (€), Fahrverbot in Monaten	Punkte
138.2	– mit Sachbeschädigung		25 €	
139	Die durch Zeichen 215 (Kreisverkehr) oder Zeichen 220 (Einbahnstraße) vorgeschriebene Fahrtrichtung nicht befolgt	§ 41 Absatz 1 i. V. m. Anlage 2 lfd. Nr. 8 (Zeichen 215) Spalte 3 Nummer 1, lfd. Nr. 9 (Zeichen 220) Spalte 3 Satz 1 § 49 Absatz 3 Nummer 4		
139.1	als Kfz-Führer		25 €	
139.2	als Radfahrer		20 €	
139.2.1	– mit Behinderung	§ 41 Absatz 1 i. V. m. Anlage 2 lfd. Nr. 8 (Zeichen 215) Spalte 3 Nummer 1, lfd. Nr. 9 (Zeichen 220) Spalte 3 Satz 1 § 1 Absatz 2 § 49 Absatz 1 Nummer 1, Absatz 3 Nummer 4	25 €	
139.2.2	– mit Gefährdung		30 €	
139.2.3	– mit Sachbeschädigung		35 €	
139 a	Beim berechtigten Überfahren der Mittelinsel eines Kreisverkehrs einen anderen Verkehrsteilnehmer gefährdet	§ 41 Absatz 1 i. V. m. Anlage 2 lfd. Nr. 8 (Zeichen 215) Spalte 3 Nummer 2 § 49 Absatz 3 Nummer 4	35 €	
140	Vorschriftswidrig einen Radweg (Zeichen 237) oder	§ 41 Absatz 1 i. V. m. Anlage 2 lfd. Nr. 16,	15 €	

Bußgeldkatalog-Verordnung **Anlage BKatV 1**

Lfd. Nr.	Tatbestand	Straßenverkehrs-Ordnung (StVO)	Regelsatz in Euro (€), Fahrverbot in Monaten	Punkte
	einen sonstigen Sonderweg (Zeichen 238, 240, 241) benutzt oder mit einem Fahrzeug eine Fahrradstraße (Zeichen 244.1) vorschriftswidrig benutzt	17, 19, 20 (Zeichen 237, 238, 240, 241) Spalte 3 Nummer 2, lfd. Nr. 23 (Zeichen 244.1) Spalte 3 Nummer 1 § 49 Absatz 3 Nummer 4		
140.1	– mit Behinderung	§ 41 Absatz 1 i. V. m. Anlage 2 lfd. Nr. 16, 17, 19, 20 (Zeichen 237, 238, 240, 241) Spalte 3 Nummer 2, lfd. Nr. 23 (Zeichen 244.1) Spalte 3 Nummer 1 § 1 Absatz 2 § 49 Absatz 1 Nummer 1, Absatz 3 Nummer 4	20 €	
140.2	– mit Gefährdung		25 €	
140.3	– mit Sachbeschädigung		30 €	
141	Vorschriftswidrig Fußgängerbereich (Zeichen 239, 242.1, 242.2) benutzt oder ein Verkehrsverbot (Zeichen 250, 251, 253, 254, 255, 260) nicht beachtet	§ 41 Absatz 1 i. V. m. Anlage 2 lfd. Nr. 18 (Zeichen 239) Spalte 3 Nummer 1, lfd. Nr. 21 (Zeichen 242.1) Spalte 3 Nummer 1, lfd. Nr. 26		

1 BKatV Anlage

Bußgeldkatalog-Verordnung

Lfd. Nr.	Tatbestand	Straßenverkehrs-Ordnung (StVO)	Regelsatz in Euro (€), Fahrverbot in Monaten	Punkte
		Spalte 3 Satz 1 i. V. m. lfd. Nr. 28, 29, 30, 31, 32, 34 (Zeichen 250, 251, 253, 254, 255, 260) Spalte 3 § 49 Absatz 3 Nummer 4		
141.1	mit Kraftfahrzeugen über 3,5 t zulässiger Gesamtmasse, ausgenommen Personenkraftwagen und Kraftomnibusse		75 €	
141.2	mit den übrigen Kraftfahrzeugen der in § 3 Absatz 3 Nummer 2 Buchstabe a oder b StVO genannten Art		25 €	
141.3	mit anderen als in den Nummern 141.1 und 141.2 genannten Kraftfahrzeugen		20 €	
141.4	als Radfahrer		15 €	
141.4.1	– mit Behinderung	§ 41 Absatz 1 i. V. m. Anlage 2 lfd. Nr. 18 (Zeichen 239) Spalte 3 Nummer 1, lfd. Nr. 21 (Zeichen 242.1) Spalte 3 Nummer 1, lfd. Nr. 26 Spalte 3 Satz 1 i. V. m. lfd. Nr. 28, 31 (Zeichen 250, 254) § 1 Absatz 2 § 49 Absatz 1 Nummer 1,	20 €	

Bußgeldkatalog-Verordnung **Anlage BKatV 1**

Lfd. Nr.	Tatbestand	Straßenverkehrs-Ordnung (StVO)	Regelsatz in Euro (€), Fahrverbot in Monaten	Punkte
		Absatz 3 Nummer 4		
141.4.2	– mit Gefährdung		25 €	
141.4.3	– mit Sachbeschädigung		30 €	
142	Verkehrsverbot (Zeichen 262 bis 266) nicht beachtet	§ 41 Absatz 1 i. V. m. Anlage 2 lfd. Nr. 36 bis 40 (Zeichen 262 bis 266) Spalte 3 § 49 Absatz 3 Nummer 4	20 €	
142 a	Verbot des Einfahrens (Zeichen 267) nicht beachtet	§ 41 Absatz 1 i. V. m. Anlage 2 lfd. Nr. 41 (Zeichen 267) Spalte 3 § 49 Absatz 3 Nummer 4	25 €	
143	Beim Radfahren Verbot des Einfahrens (Zeichen 267) nicht beachtet	§ 41 Absatz 1 i. V. m. Anlage 2 lfd. Nr. 41 (Zeichen 267) Spalte 3 § 49 Absatz 3 Nummer 4	20 €	
143.1	– mit Behinderung	§ 41 Absatz 1 i. V. m. Anlage 2 lfd. Nr. 41 (Zeichen 267) Spalte 3 § 1 Absatz 2 § 49 Absatz 1 Nummer 1, Absatz 3 Nummer 4	25 €	
143.2	– mit Gefährdung		30 €	
143.3	– mit Sachbeschädigung		35 €	
144	In einem Fußgängerbereich, der durch Zeichen 239, 242.1	§ 41 Absatz 1 i. V. m. Anlage 2	30 €	

1 BKatV Anlage — Bußgeldkatalog-Verordnung

Lfd. Nr.	Tatbestand	Straßenverkehrs-Ordnung (StVO)	Regelsatz in Euro (€), Fahrverbot in Monaten	Punkte
	oder 250 gesperrt war, geparkt (§ 12 Absatz 2 StVO)	lfd. Nr. 18, 21 (Zeichen 239, 242.1) Spalte 3 Nummer 1, lfd. Nr. 26 Spalte 3 Satz 1 i. V. m. lfd. Nr. 28 (Zeichen 250) § 49 Absatz 3 Nummer 4		
144.1	– mit Behinderung	§ 41 Absatz 1 i. V. m. Anlage 2 lfd. Nr. 18, 21 (Zeichen 239, 242.1) Spalte 3 Nummer 1, lfd. Nr. 26 Spalte 3 Satz 1 i. V. m. lfd. Nr. 28 (Zeichen 250) § 1 Absatz 2 § 49 Absatz 1 Nummer 1, Absatz 3 Nummer 4	35 €	
144.2	länger als 3 Stunden	§ 41 Absatz 1 i. V. m. Anlage 2 lfd. Nr. 18, 21 (Zeichen 239, 242.1) Spalte 3 Nummer 1, lfd. Nr. 26 Spalte 3 Satz 1 i. V. m. lfd. Nr. 28 (Zeichen 250) § 49 Absatz 3 Nummer 4	35 €	
(145 bis 145.3)	(aufgehoben)			
146	Bei zugelassenem Fahrzeugverkehr auf einem Gehweg	§ 41 Absatz 1 i. V. m. Anlage 2	15 €	

Bußgeldkatalog-Verordnung **Anlage BKatV 1**

Lfd. Nr.	Tatbestand	Straßenverkehrs-Ordnung (StVO)	Regelsatz in Euro (€), Fahrverbot in Monaten	Punkte
	(Zeichen 239) oder in einem Fußgängerbereich (Zeichen 242.1, 242.2) nicht mit Schrittgeschwindigkeit gefahren (soweit nicht von Nummer 11 erfasst)	lfd. Nr. 18 (Zeichen 239) Spalte 3 Nummer 2 Satz 3 Halbsatz 2, lfd. Nr. 21 (Zeichen 242.1) Spalte 3 Nummer 2 § 49 Absatz 3 Nummer 4		
146 a	Bei zugelassenem Fahrzeugverkehr auf einem Radweg (Zeichen 237), einem gemeinsamen Geh- und Radweg (Zeichen 240) oder einem getrennten Rad- und Gehweg (Zeichen 241) die Geschwindigkeit nicht angepasst (soweit nicht von Nummer 11 erfasst)	§ 41 Absatz 1 i. V. m. Anlage 2 lfd. Nr. 16 (Zeichen 237) Spalte 3 Nummer 3, lfd. Nr. 19 (Zeichen 240) Spalte 3 Nummer 3 Satz 2, lfd. Nr. 20 (Zeichen 241) Spalte 3 Nummer 4 Satz 2 § 49 Absatz 3 Nummer 4	15 €	
147	Unberechtigt mit einem Fahrzeug einen Bussonderfahrstreifen (Zeichen 245) benutzt	§ 41 Absatz 1 i. V. m. Anlage 2 lfd. Nr. 25 (Zeichen 245) Spalte 3 Nummer 1 und 2 § 49 Absatz 3 Nummer 4	15 €	
147.1	– mit Behinderung	§ 41 Absatz 1 i. V. m. Anlage 2 lfd. Nr. 25 (Zeichen 245)	35 €	

1 BKatV Anlage

Bußgeldkatalog-Verordnung

Lfd. Nr.	Tatbestand	Straßenverkehrs-Ordnung (StVO)	Regelsatz in Euro (€), Fahrverbot in Monaten	Punkte
		Spalte 3 Nummer 1 und 2 § 1 Absatz 2 § 49 Absatz 1 Nummer 1, Absatz 3 Nummer 4		
148	Wendeverbot (Zeichen 272) nicht beachtet	§ 41 Absatz 1 i.V.m. Anlage 2 lfd. Nr. 47 (Zeichen 272) Spalte 3 § 49 Absatz 3 Nummer 4	20 €	
149	Vorgeschriebenen Mindestabstand (Zeichen 273) zu einem vorausfahrenden Fahrzeug unterschritten	§ 41 Absatz 1 i.V.m. Anlage 2 lfd. Nr. 48 (Zeichen 273) Spalte 3 Satz 1 § 49 Absatz 3 Nummer 4	25 €	
150	Zeichen 206 (Halt. Vorfahrt gewähren.) nicht befolgt oder trotz Rotlicht nicht an der Haltlinie (Zeichen 294) gehalten und dadurch einen Anderen gefährdet	§ 41 Absatz 1 i.V.m. Anlage 2 lfd. Nr. 3 (Zeichen 206) Spalte 3 Nummer 1, lfd. Nr. 67 (Zeichen 294) Spalte 3 § 1 Absatz 2 § 49 Absatz 1 Nummer 1, Absatz 3 Nummer 4	70 €	1
151	Beim Führen eines Fahrzeugs in einem Fußgängerbereich (Zeichen 239, 242.1, 242.2) einen Fußgänger gefährdet			
151.1	bei zugelassenem Fahrzeugverkehr (Zeichen 239, 242.1 mit Zusatzzeichen)	§ 41 Absatz 1 i. V. m. Anlage 2 lfd. Nr. 18, 21	60 €	1

Bußgeldkatalog-Verordnung **Anlage BKatV 1**

Lfd. Nr.	Tatbestand	Straßenverkehrs-Ordnung (StVO)	Regelsatz in Euro (€), Fahrverbot in Monaten	Punkte
		(Zeichen 239, 242.1 mit Zusatzzeichen) Spalte 3 Nummer 2 § 1 Absatz 2 § 49 Absatz 3 Nummer 1, 4		
151.2	bei nicht zugelassenem Fahrzeugverkehr		70 €	1
152	Eine für kennzeichnungspflichtige Kraftfahrzeuge mit gefährlichen Gütern (Zeichen 261) oder für Kraftfahrzeuge mit wassergefährdender Ladung (Zeichen 269) gesperrte Straße befahren	§ 41 Absatz 1 i. V. m. Anlage 2 lfd. Nr. 35, 43 (Zeichen 261, 269) Spalte 3 § 49 Absatz 3 Nummer 4	100 €	1
152.1	bei Eintragung von bereits einer Entscheidung wegen Verstoßes gegen Zeichen 261 oder 269 im Fahreignungsregister		250 € **Fahrverbot 1 Monat**	1
153	Mit einem Kraftfahrzeug trotz Verkehrsverbotes zur Verminderung schädlicher Luftverunreinigungen (Zeichen 270.1, 270.2) am Verkehr teilgenommen	§ 41 Absatz 1 i. V. m. Anlage 2 lfd. Nr. 44, 45 (Zeichen 270.1, 270.2) Spalte 3 § 49 Absatz 3 Nummer 4	80 €	
153 a	Überholt unter Nichtbeachten von Verkehrszeichen (Zeichen 276, 277)	§ 41 Absatz 1 i. V. m. Anlage 2 zu lfd. Nr. 53 und 54 und lfd. Nr. 53, 54 (Zeichen 276, 277) Spalte 3 § 49 Absatz 3 Nummer 4	70 €	1
154	An der Haltlinie (Zeichen 294) nicht gehalten	§ 41 Absatz 1 i. V. m. Anlage 2 lfd. Nr. 67	10 €	

1 BKatV Anlage — Bußgeldkatalog-Verordnung

Lfd. Nr.	Tatbestand	Straßenverkehrs-Ordnung (StVO)	Regelsatz in Euro (€), Fahrverbot in Monaten	Punkte
		(Zeichen 294) Spalte 3 § 49 Absatz 3 Nummer 4		
155	Fahrstreifenbegrenzung (Zeichen 295, 296) überfahren oder durch Pfeile vorgeschriebener Fahrtrichtung (Zeichen 297) nicht gefolgt oder Sperrfläche (Zeichen 298) benutzt (außer Parken)	§ 41 Absatz 1 i. V. m. Anlage 2 lfd. Nr. 68 (Zeichen 295) Spalte 3 Nummer 1 a, lfd. Nr. 69 (Zeichen 296) Spalte 3 Nummer 1, lfd. Nr. 70 (Zeichen 297) Spalte 3 Nummer 1, lfd. Nr. 72 (Zeichen 298) Spalte 3 § 49 Absatz 3 Nummer 4	10 €	
155.1	– mit Sachbeschädigung	§ 41 Absatz 1 i. V. m. Anlage 2 lfd. Nr. 68 (Zeichen 295) Spalte 3 Nummer 1 a, lfd. Nr. 69 (Zeichen 296) Spalte 3 Nummer 1, lfd. Nr. 70 (Zeichen 297) Spalte 3 Nummer 1, lfd. Nr. 72 (Zeichen 298) Spalte 3 § 1 Absatz 2 § 49 Absatz 1	35 €	

Bußgeldkatalog-Verordnung **Anlage BKatV 1**

Lfd. Nr.	Tatbestand	Straßenverkehrs-Ordnung (StVO)	Regelsatz in Euro (€), Fahrverbot in Monaten	Punkte
		Nummer 1, Absatz 3 Nummer 4		
155.2	und dabei überholt	§ 41 Absatz 1 i. V. m. Anlage 2 lfd. Nr. 68 (Zeichen 295) Spalte 3 Nummer 1 a, lfd. Nr. 69 (Zeichen 296) Spalte 3 Nummer 1, lfd. Nr. 70 (Zeichen 297) Spalte 3 Nummer 1, lfd. Nr. 72 (Zeichen 298) Spalte 3 § 49 Absatz 3 Nummer 4	30 €	
155.3	und dabei nach links abgebogen oder gewendet	§ 41 Absatz 1 i. V. m. Anlage 2 lfd. Nr. 68 (Zeichen 295) Spalte 3 Nummer 1 a, lfd. Nr. 69 (Zeichen 296) Spalte 3 Nummer 1, lfd. Nr. 70 (Zeichen 297) Spalte 3 Nummer 1, lfd. Nr. 72 (Zeichen 298) Spalte 3 § 49 Absatz 3 Nummer 4	30 €	

1 BKatV Anlage

Bußgeldkatalog-Verordnung

Lfd. Nr.	Tatbestand	Straßenverkehrs-Ordnung (StVO)	Regelsatz in Euro (€), Fahrverbot in Monaten	Punkte
155.3.1	– mit Gefährdung	§ 41 Absatz 1 i. V. m. Anlage 2 lfd. Nr. 68 (Zeichen 295) Spalte 3 Nummer 1 a, lfd. Nr. 69 (Zeichen 296) Spalte 3 Nummer 1, lfd. Nr. 70 (Zeichen 297) Spalte 3 Nummer 1, lfd. Nr. 72 (Zeichen 298) Spalte 3 § 1 Absatz 2 § 49 Absatz 1 Nummer 1, Absatz 3 Nummer 4	35 €	
156	Sperrfläche (Zeichen 298) zum Parken benutzt	§ 41 Absatz 1 i. V. m. Anlage 2 lfd. Nr. 72 (Zeichen 298) Spalte 3 § 49 Absatz 3 Nummer 4	25 €	
	Richtzeichen			
157	Beim Führen eines Fahrzeugs in einem verkehrsberuhigten Bereich (Zeichen 325.1, 325.2)			
157.1	Schrittgeschwindigkeit nicht eingehalten (soweit nicht von Nummer 11 erfasst)	§ 42 Absatz 2 i. V. m. Anlage 3 lfd. Nr. 12 (Zeichen 325.1) Spalte 3 Nummer 1 § 49 Absatz 3 Nummer 5	15 €	

Bußgeldkatalog-Verordnung **Anlage BKatV 1**

Lfd. Nr.	Tatbestand	Straßenverkehrs-Ordnung (StVO)	Regelsatz in Euro (€), Fahrverbot in Monaten	Punkte
157.2	– Fußgängerverkehr behindert	§ 42 Absatz 2 i. V. m. Anlage 3 lfd. Nr. 12 (Zeichen 325.1) Spalte 3 Nummer 2 § 49 Absatz 3 Nummer 5	15 €	
157.3 (158)	– Fußgängerverkehr gefährdet (aufgehoben)		60 €	1
159	In einem verkehrsberuhigten Bereich (Zeichen 325.1, 325.2) außerhalb der zum Parken gekennzeichneten Flächen geparkt (§ 12 Absatz 2 StVO)	§ 42 Absatz 2 i. V. m. Anlage 3 lfd. Nr. 12 (Zeichen 325.1) Spalte 3 Nummer 4 § 49 Absatz 3 Nummer 5	10 €	
159.1	– mit Behinderung	§ 42 Absatz 2 i. V. m. Anlage 3 lfd. Nr. 12 (Zeichen 325.1) Spalte 3 Nummer 4 § 1 Absatz 2 § 49 Absatz 1 Nummer 1, Absatz 3 Nummer 5	15 €	
159.2	länger als 3 Stunden	§ 42 Absatz 2 i. V. m. Anlage 3 lfd. Nr. 12 (Zeichen 325.1) Spalte 3 Nummer 4 § 49 Absatz 3 Nummer 5	20 €	
159.2.1	– mit Behinderung	§ 42 Absatz 2 i. V. m. Anlage 3 lfd. Nr. 12 (Zeichen 325.1)	30 €	

1 BKatV Anlage

Bußgeldkatalog-Verordnung

Lfd. Nr.	Tatbestand	Straßenverkehrs-Ordnung (StVO)	Regelsatz in Euro (€), Fahrverbot in Monaten	Punkte
159 a	In einem Tunnel (Zeichen 327) Abblendlicht nicht benutzt	Spalte 3 Nummer 4 § 1 Absatz 2 § 49 Absatz 1 Nummer 1, Absatz 3 Nummer 5 § 42 Absatz 2 i. V. m. Anlage 3 lfd. Nr. 14 (Zeichen 327) Spalte 3 Nummer 1 § 49 Absatz 3 Nummer 5	10 €	
159 a.1	– mit Gefährdung	§ 42 Absatz 2 i. V. m. Anlage 3 lfd. Nr. 14 (Zeichen 327) Spalte 3 Nummer 1 § 1 Absatz 2 § 49 Absatz 1 Nummer 1, Absatz 3 Nummer 5	15 €	
159 a.2	– mit Sachbeschädigung		35 €	
159 b	In einem Tunnel (Zeichen 327) gewendet	§ 42 Absatz 2 i. V. m. Anlage 3 lfd. Nr. 14 (Zeichen 327) Spalte 3 Nummer 1 § 49 Absatz 3 Nummer 5	60 €	1
159 c	In einer Nothalte- und Pannenbucht (Zeichen 328) unberechtigt	§ 42 Absatz 2 i. V. m. Anlage 3 lfd. Nr. 15 (Zeichen 328) Spalte 3 § 49 Absatz 3 Nummer 5		

Bußgeldkatalog-Verordnung **Anlage BKatV 1**

Lfd. Nr.	Tatbestand	Straßenverkehrs-Ordnung (StVO)	Regelsatz in Euro (€), Fahrverbot in Monaten	Punkte
159 c.1	– gehalten		20 €	
159 c.2	– geparkt		25 €	
(160 bis 162)	(aufgehoben)			
	Verkehrseinrichtungen			
163	Durch Verkehrseinrichtungen abgesperrte Straßenfläche befahren	§ 43 Absatz 3 Satz 2 i.V. m. Anlage 4 lfd. Nr. 1 bis 7 (Zeichen 600, 605, 628, 629, 610, 615, 616) Spalte 3 § 49 Absatz 3 Nummer 6	5 €	
	Andere verkehrsrechtliche Anordnungen			
164	Einer den Verkehr verbietenden oder beschränkenden Anordnung, die öffentlich bekannt gemacht wurde, zuwidergehandelt	§ 45 Absatz 4 Halbsatz 2 § 49 Absatz 3 Nummer 7	60 €	1
165	Mit Arbeiten begonnen, ohne zuvor Anordnungen eingeholt zu haben, diese Anordnungen nicht befolgt oder Lichtzeichenanlagen nicht bedient	§ 45 Absatz 6 § 49 Absatz 4 Nummer 3	75 €	
	Ausnahmegenehmigung und Erlaubnis			
166	Vollziehbare Auflage einer Ausnahmegenehmigung oder Erlaubnis nicht befolgt	§ 46 Absatz 3 Satz 1 § 49 Absatz 4 Nummer 4	60 €	1
167	Genehmigungs- oder Erlaubnisbescheid nicht mitgeführt	§ 46 Absatz 3 Satz 3 § 49 Absatz 4 Nummer 5	10 €	

1 BKatV Anlage — Bußgeldkatalog-Verordnung

Lfd. Nr.	Tatbestand	Fahrerlaubnis-Verordnung (FeV)	Regelsatz in Euro (€) Fahrverbot in Monaten	Punkte
	b) Fahrerlaubnis-Verordnung			
	Mitführen von Führerscheinen und Bescheinigungen			
168	Führerschein oder Bescheinigung oder die Übersetzung des ausländischen Führerscheins nicht mitgeführt	§ 75 Nummer 4 i. V. m. den dort genannten Vorschriften	10 €	
168 a	Führerscheinverlust nicht unverzüglich angezeigt und sich kein Ersatzdokument ausstellen lassen	§ 75 Nummer 4	10 €	
	Einschränkung der Fahrerlaubnis			
169	Einer vollziehbaren Auflage nicht nachgekommen	§ 10 Absatz 2 Satz 4 § 23 Absatz 2 Satz 1 § 28 Absatz 1 Satz 2 § 46 Absatz 2 § 74 Absatz 3 § 75 Nummer 9, 14, 15	25 €	
	Ablieferung und Vorlage des Führerscheins			
170	Einer Pflicht zur Ablieferung oder zur Vorlage eines Führerscheins nicht oder nicht rechtzeitig nachgekommen	§ 75 Nummer 10 i. V. m. den dort genannten Vorschriften	25 €	
	Fahrerlaubnis zur Fahrgastbeförderung			
171	Ohne erforderliche Fahrerlaubnis zur Fahrgastbeförderung einen oder mehrere Fahrgäste in einem in § 48 Absatz 1 FeV genannten Fahrzeug befördert	§ 48 Absatz 1 § 75 Nummer 12	75 €	1

Bußgeldkatalog-Verordnung **Anlage BKatV 1**

Lfd. Nr.	Tatbestand	Fahrerlaubnis-Verordnung (FeV)	Regelsatz in Euro (€) Fahrverbot in Monaten	Punkte
172	Als Halter die Fahrgastbeförderung in einem in § 48 Absatz 1 FeV genannten Fahrzeug angeordnet oder zugelassen, obwohl der Fahrzeugführer die erforderliche Fahrerlaubnis zur Fahrgastbeförderung nicht besaß	§ 48 Absatz 8 § 75 Nummer 12	75 €	1
	Ortskenntnisse bei Fahrgastbeförderung			
173	Als Halter die Fahrgastbeförderung in einem in § 48 Absatz 1 i.V. m. § 48 Absatz 4 Nummer 7 FeV genannten Fahrzeug angeordnet oder zugelassen, obwohl der Fahrzeugführer die erforderlichen Ortskenntnisse nicht nachgewiesen hat	§ 48 Absatz 8 § 75 Nummer 12	35 €	

Lfd. Nr.	Tatbestand	Fahrzeug-Zulassungsverordnung (FZV)	Regelsatz in Euro (€) Fahrverbot in Monaten	Punkte
	c) Fahrzeug-Zulassungsverordnung			
	Mitführen von Fahrzeugpapieren			
174	Die Zulassungsbescheinigung Teil I oder sonstige Bescheinigung nicht mitgeführt	§ 4 Absatz 5 Satz 1 § 11 Absatz 5 § 26 Absatz 1 Satz 6 § 48 Nummer 5	10 €	
	Zulassung			
175	Kraftfahrzeug oder Kraftfahrzeuganhänger ohne die erforderliche EG-Typgenehmigung, Einzelgenehmigung oder Zulassung auf einer	§ 3 Absatz 1 Satz 1 § 4 Absatz 1 § 48 Nummer 1	70 €	1

1 BKatV Anlage Bußgeldkatalog-Verordnung

Lfd. Nr.	Tatbestand	Fahrzeug-Zulassungs-verordnung (FZV)	Regelsatz in Euro (€) Fahrverbot in Monaten	Punkte
	öffentlichen Straße in Betrieb gesetzt			
175 a	Kraftfahrzeug oder Kraftfahrzeuganhänger außerhalb des auf dem Saisonkennzeichen angegebenen Betriebszeitraums oder nach dem auf dem Kurzzeitkennzeichen oder nach dem auf dem Ausfuhrkennzeichen angegebenen Ablaufdatum oder Fahrzeug mit Wechselkennzeichen ohne oder mit unvollständigem Wechselkennzeichen auf einer öffentlichen Straße in Betrieb gesetzt	§ 8 Absatz 1 a Satz 6 § 9 Absatz 3 Satz 5 § 16 Absatz 2 Satz 8 § 19 Absatz 1 Nummer 4 Satz 3 § 48 Nummer 1	50 €	
176	Das vorgeschriebene Kennzeichen an einem von der Zulassungspflicht ausgenommenen Fahrzeug nicht geführt	§ 4 Absatz 2 Satz 1, Absatz 3 Satz 1, 2 § 48 Nummer 3	40 €	
177	Fahrzeug außerhalb des auf dem Saisonkennzeichen angegebenen Betriebszeitraums oder mit Wechselkennzeichen ohne oder mit einem unvollständigen Wechselkennzeichen auf einer öffentlichen Straße abgestellt	§ 8 Absatz 1 a Satz 6 § 9 Absatz 3 Satz 5 § 48 Nummer 9	40 €	
	Betriebsverbot und -beschränkungen			
(178)	(aufgehoben)			
178 a	Betriebsverbot wegen Verstoßes gegen Mitteilungspflichten oder die Pflichten beim Erwerb des Fahrzeugs nicht beachtet	§ 13 Absatz 1 Satz 5, Absatz 4 Satz 1 § 48 Nummer 7, 12	40 €	
179	Ein Fahrzeug in Betrieb gesetzt, dessen Kennzeichen nicht wie vorgeschrieben ausgestaltet oder angebracht ist; ausgenommen ist das Fehlen	§ 10 Absatz 12 i. V. m. § 10 Absatz 1, 2 Satz 2 und 3 Halbsatz 1,	10 €	

Bußgeldkatalog-Verordnung **Anlage BKatV 1**

Lfd. Nr.	Tatbestand	Fahrzeug-Zulassungs-verordnung (FZV)	Regelsatz in Euro (€) Fahrverbot in Monaten	Punkte
	des vorgeschriebenen Kennzeichens	Absatz 6, 7, 8 Halbsatz 1, Absatz 9 Satz 1 auch i. V. m. § 16 Absatz 5 Satz 3 § 17 Absatz 2 Satz 4 § 19 Absatz 1 Nummer 3 Satz 5 § 48 Nummer 1		
179 a	Fahrzeug in Betrieb genommen, obwohl das vorgeschriebene Kennzeichen fehlt	§ 10 Absatz 12 i. V. m. § 10 Absatz 5 Satz 1, Absatz 8 § 48 Nummer 1	60 €	
179 b	Fahrzeug in Betrieb genommen, dessen Kennzeichen mit Glas, Folien oder ähnlichen Abdeckungen versehen ist	§ 10 Absatz 12 i.V. m. § 10 Absatz 2 Satz 1, Absatz 8 § 48 Nummer 1	65 €	
	Mitteilungs-, Anzeige- und Vorlagepflichten, Zurückziehen aus dem Verkehr, Verwertungsnachweis			
180	Gegen die Mitteilungspflicht bei Änderung der tatsächlichen Verhältnisse, Wohnsitz- oder Sitzänderung des Halters, Standortverlegung des Fahrzeuges, Veräußerung oder gegen die Anzeigepflicht bei Außerbetriebsetzung oder gegen die Pflicht, das Kennzeichen zur Entstempelung vorzulegen, verstoßen	§ 13 Absatz 1 Satz 1 bis 4, Absatz 3 Satz 1, 3 § 14 Absatz 1 Satz 1 § 48 Nummer 11 bis 14	15 €	
180 a	Verwertungsnachweis nicht vorgelegt	§ 15 Absatz 1 Satz 1	15 €	

1 BKatV Anlage

Bußgeldkatalog-Verordnung

Lfd. Nr.	Tatbestand	Fahrzeug-Zulassungs-verordnung (FZV)	Regelsatz in Euro (€) Fahrverbot in Monaten	Punkte
		§ 48 Nummer 13		
	Prüfungs-, Probe-, Überführungsfahrten			
181	Gegen die Pflicht zur Eintragung in Fahrzeugscheine oder Fahrzeugscheinhefte verstoßen oder das rote Kennzeichen oder das Fahrzeugscheinheft nicht zurückgegeben	§ 16 Absatz 2 Satz 2, Absatz 3 Satz 3, 7 § 48 Nummer 15, 18	10 €	
181 a	Kurzzeitkennzeichen für andere als Prüfungs-, Probe- oder Überführungsfahrten verwendet	§ 16 Absatz 2 Satz 3 Nummer 1 § 48 Nummer 15 a	50 €	
181 b	Kurzzeitkennzeichen einer anderen Person zur Nutzung an einem anderen Fahrzeug überlassen	§ 16 Absatz 2 Satz 3 Nummer 2 § 48 Nummer 15 b	50 €	
182	Kurzzeitkennzeichen an nicht nur einem Fahrzeug verwendet	§ 16 Absatz 2 Satz 7 § 48 Nummer 16	50 €	
183	Gegen die Pflicht zum Fertigen, Aufbewahren oder Aushändigen von Aufzeichnungen über Prüfungs-, Probe- oder Überführungsfahrten verstoßen	§ 16 Absatz 3 Satz 5, 6 § 48 Nummer 6, 17	25 €	
	Versicherungskennzeichen			
184	Fahrzeug in Betrieb genommen, dessen Versicherungskennzeichen nicht wie vorgeschrieben ausgestaltet ist	§ 27 Absatz 7 § 48 Nummer 1	10 €	
	Ausländische Kraftfahrzeuge			
185	Zulassungsbescheinigung oder die Übersetzung des ausländischen Zulassungsscheins nicht	§ 20 Absatz 5 § 48 Nummer 5	10 €	

Bußgeldkatalog-Verordnung **Anlage BKatV 1**

Lfd. Nr.	Tatbestand	Fahrzeug-Zulassungs-verordnung (FZV)	Regelsatz in Euro (€) Fahrverbot in Monaten	Punkte
	mitgeführt oder nicht ausgehändigt			
185 a	An einem ausländischen Kraftfahrzeug oder ausländischen Kraftfahrzeuganhänger das heimische Kennzeichen oder das Unterscheidungszeichen unter Verstoß gegen eine Vorschrift über deren Anbringung geführt	§ 21 Absatz 1 Satz 1 Halbsatz 2, Absatz 2 Satz 1 Halbsatz 2 § 48 Nummer 19	10 €	
185 b	An einem ausländischen Kraftfahrzeug oder ausländischen Kraftfahrzeuganhänger das vorgeschriebene heimische Kennzeichen nicht geführt	§ 21 Absatz 1 Satz 1 Halbsatz 1 § 48 Nummer 19	40 €	
185 c	An einem ausländischen Kraftfahrzeug oder ausländischen Kraftfahrzeuganhänger das Unterscheidungszeichen nicht geführt	§ 21 Absatz 2 Satz 1 Halbsatz 1 § 48 Nummer 19	15 €	

Lfd. Nr.	Tatbestand	Straßenverkehrs-Zulassungs-Ordnung (StVZO)	Regelsatz in Euro (€) Fahrverbot in Monaten	Punkte
	d) Straßenverkehrs-Zulassungs-Ordnung **Untersuchung der Kraftfahrzeuge und Anhänger**			
186	Als Halter Fahrzeug zur Hauptuntersuchung oder zur Sicherheitsprüfung nicht vorgeführt	§ 29 Absatz 1 Satz 1 i.V.m. Nummer 2.1, 2.2, 2.6, 2.7 Satz 2, 3, Nummer 3.1.1, 3.1.2, 3.2.2 der Anlage VIII § 69 a Absatz 2 Nummer 14		

1 BKatV Anlage

Bußgeldkatalog-Verordnung

Lfd. Nr.	Tatbestand	Straßenverkehrs-Zulassungs-Ordnung (StVZO)	Regelsatz in Euro (€) Fahrverbot in Monaten	Punkte
186.1	bei Fahrzeugen, die nach Nummer 2.1 der Anlage VIII zu § 29 StVZO in bestimmten Zeitabständen einer Sicherheitsprüfung zu unterziehen sind, wenn der Vorführtermin überschritten worden ist um			
186.1.1	bis zu 2 Monate		15 €	
186.1.2	mehr als 2 bis zu 4 Monate		25 €	
186.1.3	mehr als 4 bis zu 8 Monate		60 €	1
186.1.4	mehr als 8 Monate		75 €	1
186.2	bei anderen als in Nummer 186.1 genannten Fahrzeugen, wenn der Vorführtermin überschritten worden ist um			
186.2.1	mehr als 2 bis zu 4 Monate		15 €	
186.2.2	mehr als 4 bis zu 8 Monate		25 €	
186.2.3	mehr als 8 Monate		60 €	1
187	Fahrzeug zur Nachprüfung der Mängelbeseitigung nicht rechtzeitig vorgeführt	§ 29 Absatz 1 Satz 1 i. V. m. Nummer 3.1.4.3 Satz 2 Halbsatz 2 der Anlage VIII § 69a Absatz 2 Nummer 18	15 €	
187a	Betriebsverbot oder -beschränkung wegen Fehlens einer gültigen Prüfplakette oder Prüfmarke in Verbindung mit einem SP-Schild nicht beachtet	§ 29 Absatz 7 Satz 5 § 69a Absatz 2 Nummer 15	60 €	1
	Vorstehende Außenkanten			
188	Fahrzeug oder Fahrzeugkombination in Betrieb genommen, obwohl Teile, die den Verkehr mehr als unvermeidbar gefährdeten, an dessen Umriss hervorragten	§ 30 c Absatz 1 § 69 a Absatz 3 Nummer 1 a	20 €	

Bußgeldkatalog-Verordnung **Anlage BKatV 1**

Lfd. Nr.	Tatbestand	Straßenverkehrs-Zulassungs-Ordnung (StVZO)	Regelsatz in Euro (€) Fahrverbot in Monaten	Punkte
	Verantwortung für den Betrieb der Fahrzeuge			
189	Als Halter die Inbetriebnahme eines Fahrzeugs oder Zuges angeordnet oder zugelassen, obwohl	§ 31 Absatz 2 § 69a Absatz 5 Nummer 3		
189.1	der Führer zur selbstständigen Leitung nicht geeignet war			
189.1.1	bei Lastkraftwagen oder Kraftomnibussen		180 €	1
189.1.2	bei anderen als in Nummer 189.1.1 genannten Fahrzeugen		90 €	1
189.2	das Fahrzeug oder der Zug nicht vorschriftsmäßig war und dadurch die Verkehrssicherheit wesentlich beeinträchtigt war, insbesondere unter Verstoß gegen eine Vorschrift über Lenkeinrichtungen, Bremsen, Einrichtungen zur Verbindung von Fahrzeugen	§ 31 Absatz 2 § 69a Absatz 5 Nummer 3 § 31 Absatz 2, jeweils i.V. m. § 38 § 41 Absatz 1 bis 12, 15 bis 17 § 43 Absatz 1 Satz 1 bis 3, Absatz 4 Satz 1, 3 § 69a Absatz 5 Nummer 3		
189.2.1	bei Lastkraftwagen oder Kraftomnibussen bzw. ihren Anhängern		270 €	1
189.2.2	bei anderen als in Nummer 189.2.1 genannten Fahrzeugen		135 €	1
189.3	die Verkehrssicherheit des Fahrzeugs oder des Zuges durch die Ladung oder die Besetzung wesentlich litt	§ 31 Absatz 2 § 69a Absatz 5 Nummer 3		
189.3.1	bei Lastkraftwagen oder Kraftomnibussen bzw. ihren Anhängern		270 €	1

1 BKatV Anlage

Bußgeldkatalog-Verordnung

Lfd. Nr.	Tatbestand	Straßenverkehrs-Zulassungs-Ordnung (StVZO)	Regelsatz in Euro (€) Fahrverbot in Monaten	Punkte
189.3.2	bei anderen als in Nummer 189.3.1 genannten Fahrzeugen		135 €	1
189 a	Als Halter die Inbetriebnahme eines Fahrzeugs angeordnet oder zugelassen, obwohl die Betriebserlaubnis erloschen war, und dadurch die Verkehrssicherheit wesentlich beeinträchtigt	§ 19 Absatz 5 Satz 1 § 69 a Absatz 2 Nummer 1a		
189 a.1	bei Lastkraftwagen oder Kraftomnibussen		270 €	1
189 a.2	bei anderen als in Nummer 189 a.1 genannten Fahrzeugen		135 €	1
189 b	Als Halter die Inbetriebnahme eines Fahrzeugs angeordnet oder zugelassen, obwohl die Betriebserlaubnis erloschen war, und dadurch die Umwelt wesentlich beeinträchtigt	§ 19 Absatz 5 Satz 1 § 69 a Absatz 2 Nummer 1a		
189 b.1	bei Lastkraftwagen oder Kraftomnibussen		270 €	
189 b.2	bei anderen als in Nummer 189 b.1 genannten Fahrzeugen		135 €	
	Führung eines Fahrtenbuches			
190	Fahrtenbuch nicht ordnungsgemäß geführt, auf Verlangen nicht ausgehändigt oder nicht für die vorgeschriebene Dauer aufbewahrt	§ 31 a Absatz 2, 3 § 69 a Absatz 5 Nummer 4, 4 a	100 €	
	Überprüfung mitzuführender Gegenstände			
191	Mitzuführende Gegenstände auf Verlangen nicht vorgezeigt oder zur Prüfung nicht ausgehändigt	§ 31 b § 69 a Absatz 5 Nummer 4 b	5 €	

Bußgeldkatalog-Verordnung **Anlage BKatV 1**

Lfd. Nr.	Tatbestand	Straßenverkehrs-Zulassungs-Ordnung (StVZO)	Regelsatz in Euro (€) Fahrverbot in Monaten	Punkte
	Abmessungen von Fahrzeugen und Fahrzeugkombinationen			
192	Kraftfahrzeug, Anhänger oder Fahrzeugkombination in Betrieb genommen, obwohl die höchstzulässige Breite, Höhe oder Länge überschritten war	§ 32 Absatz 1 bis 4, 9 § 69a Absatz 3 Nummer 2	60 €	1
193	Als Halter die Inbetriebnahme eines Kraftfahrzeugs, Anhängers oder einer Fahrzeugkombination angeordnet oder zugelassen, obwohl die höchstzulässige Breite, Höhe oder Länge überschritten war	§ 31 Absatz 2 i. V. m. § 32 Absatz 1 bis 4, 9 § 69a Absatz 5 Nummer 3	75 €	1
	Unterfahrschutz			
194	Kraftfahrzeug, Anhänger oder Fahrzeug mit austauschbarem Ladungsträger ohne vorgeschriebenen Unterfahrschutz in Betrieb genommen	§ 32b Absatz 1, 2, 4 § 69a Absatz 3 Nummer 3a	25 €	
	Kurvenlaufeigenschaften			
195	Kraftfahrzeug oder Fahrzeugkombination in Betrieb genommen, obwohl die vorgeschriebenen Kurvenlaufeigenschaften nicht eingehalten waren	§ 32d Absatz 1, 2 Satz 1 § 69a Absatz 3 Nummer 3 c	60 €	1
196	Als Halter die Inbetriebnahme eines Kraftfahrzeugs oder einer Fahrzeugkombination angeordnet oder zugelassen, obwohl die vorgeschriebenen Kurvenlaufeigenschaften nicht eingehalten waren	§ 31 Absatz 2 i. V. m. § 32d Absatz 1, 2 Satz 1 § 69a Absatz 5 Nummer 3	75 €	1
	Schleppen von Fahrzeugen			
197	Fahrzeug unter Verstoß gegen eine Vorschrift über das Schleppen von Fahrzeugen in Betrieb genommen	§ 33 Absatz 1 Satz 1, Absatz 2 Nummer 1, 6 § 69a Absatz 3 Nummer 3	25 €	

1 BKatV Anlage — Bußgeldkatalog-Verordnung

Lfd. Nr.	Tatbestand	Straßenverkehrs-Zulassungs-Ordnung (StVZO)	Regelsatz in Euro (€) Fahrverbot in Monaten	Punkte
	Achslast, Gesamtgewicht, Anhängelast hinter Kraftfahrzeugen			
198	Kraftfahrzeug, Anhänger oder Fahrzeugkombination in Betrieb genommen, obwohl die zulässige Achslast, das zulässige Gesamtgewicht oder die zulässige Anhängelast hinter einem Kraftfahrzeug überschritten war	§ 34 Absatz 3 Satz 3 § 31 d Absatz 1 § 42 Absatz 1, 2 Satz 2 § 69 a Absatz 3 Nummer 4		
198.1	bei Kraftfahrzeugen mit einem zulässigen Gesamtgewicht über 7,5 t oder Kraftfahrzeugen mit Anhängern, deren zulässiges Gesamtgewicht 2 t übersteigt		Tabelle 3 Buchstabe a	
198.2	bei anderen Kraftfahrzeugen bis 7,5 t zulässiges Gesamtgewicht		Tabelle 3 Buchstabe b	
199	Als Halter die Inbetriebnahme eines Kraftfahrzeugs, eines Anhängers oder einer Fahrzeugkombination angeordnet oder zugelassen, obwohl die zulässige Achslast, das zulässige Gesamtgewicht oder die zulässige Anhängelast hinter einem Kraftfahrzeug überschritten war	§ 31 Absatz 2 i. V. m. § 34 Absatz 3 Satz 3 § 42 Absatz 1, 2 Satz 2 § 31 d Absatz 1 § 69 a Absatz 5 Nummer 3		
199.1	bei Kraftfahrzeugen mit einem zulässigen Gesamtgewicht über 7,5 t oder Kraftfahrzeugen mit Anhängern, deren zulässiges Gesamtgewicht 2 t übersteigt		Tabelle 3 Buchstabe a	
199.2	bei anderen Kraftfahrzeugen bis 7,5 t zulässiges Gesamtgewicht		Tabelle 3 Buchstabe b	
(200)	(aufgehoben)			

Bußgeldkatalog-Verordnung **Anlage BKatV 1**

Lfd. Nr.	Tatbestand	Straßenverkehrs-Zulassungs-Ordnung (StVZO)	Regelsatz in Euro (€) Fahrverbot in Monaten	Punkte
	Besetzung von Kraftomnibussen			
201	Kraftomnibus in Betrieb genommen und dabei mehr Personen oder Gepäck befördert, als in der Zulassungsbescheinigung Teil I Sitz- und Stehplätze eingetragen sind, und die Summe der im Fahrzeug angeschriebenen Fahrgastplätze sowie die Angaben für die Höchstmasse des Gepäcks ausweisen	§ 34 a Absatz 1 § 69 a Absatz 3 Nummer 5	60 €	1
202	Als Halter die Inbetriebnahme eines Kraftomnibusses angeordnet oder zugelassen, obwohl mehr Personen befördert wurden, als in der Zulassungsbescheinigung Teil I Plätze ausgewiesen waren	§ 31 Absatz 2 i. V. m. § 34 a Absatz 1 § 69 a Absatz 5 Nummer 3	75 €	1
	Kindersitze			
203	Kraftfahrzeug in Betrieb genommen unter Verstoß gegen			
203.1	das Verbot der Anbringung von nach hinten gerichteten Kinderrückhalteeinrichtungen auf Beifahrerplätzen mit Airbag	§ 35 a Absatz 8 Satz 1 § 69 a Absatz 3 Nummer 7	25 €	
203.2	die Pflicht zur Anbringung des Warnhinweises zur Verwendung von Kinderrückhalteeinrichtungen auf Beifahrerplätzen mit Airbag	§ 35 a Absatz 8 Satz 2, 4 § 69 a Absatz 3 Nummer 7	5 €	
	Feuerlöscher in Kraftomnibussen			
204	Kraftomnibus unter Verstoß gegen eine Vorschrift über mitzuführende Feuerlöscher in Betrieb genommen	§ 35 g Absatz 1, 2 § 69 a Absatz 3 Nummer 7 c	15 €	

1 BKatV Anlage

Bußgeldkatalog-Verordnung

Lfd. Nr.	Tatbestand	Straßenverkehrs-Zulassungs-Ordnung (StVZO)	Regelsatz in Euro (€) Fahrverbot in Monaten	Punkte
205	Als Halter die Inbetriebnahme eines Kraftomnibusses unter Verstoß gegen eine Vorschrift über mitzuführende Feuerlöscher angeordnet oder zugelassen	§ 31 Absatz 2 i. V. m. § 35 g Absatz 1, 2 § 69 a Absatz 5 Nummer 3	20 €	
	Erste-Hilfe-Material in Kraftfahrzeugen			
206	Unter Verstoß gegen eine Vorschrift über mitzuführendes Erste-Hilfe-Material			
206.1	einen Kraftomnibus	§ 35 h Absatz 1, 2 § 69 a Absatz 3 Nummer 7 c	15 €	
206.2	ein anderes Kraftfahrzeug	§ 35 h Absatz 3 § 69 a Absatz 3 Nummer 7 c	5 €	
207	in Betrieb genommen Als Halter die Inbetriebnahme unter Verstoß gegen eine Vorschrift über mitzuführendes Erste-Hilfe-Material			
207.1	eines Kraftomnibusses	§ 31 Absatz 2 i.V. m. § 35 h Absatz 1, 2 § 69 a Absatz 5 Nummer 3	25 €	
207.2	eines anderen Kraftfahrzeugs	§ 31 Absatz 2 i. V. m. § 35 h Absatz 3 § 69 a Absatz 5 Nummer 3	10 €	
	angeordnet oder zugelassen			
	Bereifung und Laufflächen			
208	Kraftfahrzeug oder Anhänger, die unzulässig mit Diagonal- und mit Radialreifen ausgerüstet waren, in Betrieb genommen	§ 36 Absatz 2 a Satz 1, 2 § 69 a Absatz 3 Nummer 8	15 €	

Bußgeldkatalog-Verordnung **Anlage BKatV 1**

Lfd. Nr.	Tatbestand	Straßenverkehrs-Zulassungs-Ordnung (StVZO)	Regelsatz in Euro (€) Fahrverbot in Monaten	Punkte
209	Als Halter die Inbetriebnahme eines Kraftfahrzeugs oder Anhängers, die unzulässig mit Diagonal- und mit Radialreifen ausgerüstet waren, angeordnet oder zugelassen	§ 31 Absatz 2 i. V. m. § 36 Absatz 2 a Satz 1, 2 § 69 a Absatz 5 Nummer 3	30 €	
210	Mofa in Betrieb genommen, dessen Reifen keine ausreichenden Profilrillen oder Einschnitte oder keine ausreichende Profil- oder Einschnitttiefe besaß	§ 36 Absatz 2 Satz 5 § 31 d Absatz 4 Satz 1 § 69 a Absatz 3 Nummer 1 c, 8	25 €	
211	Als Halter die Inbetriebnahme eines Mofas angeordnet oder zugelassen, dessen Reifen keine ausreichenden Profilrillen oder Einschnitte oder keine ausreichende Profil- oder Einschnitttiefe besaß	§ 31 Absatz 2 i. V. m. § 36 Absatz 2 Satz 5 § 31 d Absatz 4 Satz 1 § 69 a Absatz 5 Nummer 3	35 €	
212	Kraftfahrzeug (außer Mofa) oder Anhänger in Betrieb genommen, dessen Reifen keine ausreichenden Profilrillen oder Einschnitte oder keine ausreichende Profil- oder Einschnitttiefe besaß	§ 36 Absatz 2 Satz 3 bis 5 § 31 d Absatz 4 Satz 1 § 69 a Absatz 3 Nummer 1 c, 8	60 €	1
213	Als Halter die Inbetriebnahme eines Kraftfahrzeugs (außer Mofa) oder Anhängers angeordnet oder zugelassen, dessen Reifen keine ausreichenden Profilrillen oder Einschnitte oder keine ausreichende Profil- oder Einschnitttiefe besaß	§ 31 Absatz 2 i. V. m. § 36 Absatz 2 Satz 3 bis 5 § 31 d Absatz 4 Satz 1 § 69 a Absatz 5 Nummer 3	75 €	1
	Sonstige Pflichten für den verkehrssicheren Zustand des Fahrzeugs			
214	Kraftfahrzeug oder Kraftfahrzeug mit Anhänger in Betrieb genommen, das sich in einem	§ 30 Absatz 1 § 69 a Absatz 3 Nummer 1		

1 BKatV Anlage — Bußgeldkatalog-Verordnung

Lfd. Nr.	Tatbestand	Straßenverkehrs-Zulassungs-Ordnung (StVZO)	Regelsatz in Euro (€) Fahrverbot in Monaten	Punkte
	Zustand befand, der die Verkehrssicherheit wesentlich beeinträchtigt			
	insbesondere unter Verstoß gegen eine Vorschrift über Lenkeinrichtungen, Bremsen, Einrichtungen zur Verbindung von Fahrzeugen	§ 38 § 41 Absatz 1 bis 12, 15 Satz 1, 3, 4, Absatz 16, 17 § 43 Absatz 1 Satz 1 bis 3, Absatz 4 Satz 1, 3 § 69a Absatz 3 Nummer 3, 9, 13		
214.1	bei Lastkraftwagen oder Kraftomnibussen bzw. ihren Anhängern		180 €	1
214.2	bei anderen als in Nummer 214.1 genannten Fahrzeugen		90 €	1
	Erlöschen der Betriebserlaubnis			
214a	Fahrzeug trotz erloschener Betriebserlaubnis in Betrieb genommen und dadurch die Verkehrssicherheit wesentlich beeinträchtigt	§ 19 Absatz 5 Satz 1 § 69a Absatz 2 Nummer 1a		
214a.1	bei Lastkraftwagen oder Kraftomnibussen		180 €	1
214a.2	bei anderen als in Nummer 214a.1 genannten Fahrzeugen		90 €	1
214b	Fahrzeug trotz erloschener Betriebserlaubnis in Betrieb genommen und dadurch die Umwelt wesentlich beeinträchtigt	§ 19 Absatz 5 Satz 1 § 69a Absatz 2 Nummer 1a		
214b.1	bei Lastkraftwagen oder Kraftomnibussen		180 €	
214b.2	bei anderen als in Nummer 214b.1 genannten Fahrzeugen		90 €	

Bußgeldkatalog-Verordnung   **Anlage BKatV 1**

Lfd. Nr.	Tatbestand	Straßenverkehrs-Zulassungs-Ordnung (StVZO)	Regelsatz in Euro (€) Fahrverbot in Monaten	Punkte
	Mitführen von Anhängern hinter Kraftrad oder Personenkraftwagen			
215	Kraftrad oder Personenkraftwagen unter Verstoß gegen eine Vorschrift über das Mitführen von Anhängern in Betrieb genommen	§ 42 Absatz 2 Satz 1 § 69a Absatz 3 Nummer 3	25 €	
	Einrichtungen zur Verbindung von Fahrzeugen			
216	Abschleppstange oder Abschleppseil nicht ausreichend erkennbar gemacht	§ 43 Absatz 3 Satz 2 § 69a Absatz 3 Nummer 3	5 €	
	Stützlast			
217	Kraftfahrzeug mit einem einachsigen Anhänger in Betrieb genommen, dessen zulässige Stützlast um mehr als 50% über- oder unterschritten wurde	§ 44 Absatz 3 Satz 1 § 69a Absatz 3 Nummer 3	60 €	1
(218)	(aufgehoben)			
	Geräuschentwicklung und Schalldämpferanlage			
219	Kraftfahrzeug, dessen Schalldämpferanlage defekt war, in Betrieb genommen	§ 49 Absatz 1 § 69a Absatz 3 Nummer 17	20 €	
220	Weisung, den Schallpegel im Nahfeld feststellen zu lassen, nicht befolgt	§ 49 Absatz 4 Satz 1 § 69a Absatz 5 Nummer 5d	10 €	
	Lichttechnische Einrichtungen			
221	Kraftfahrzeug oder Anhänger in Betrieb genommen			
221.1	unter Verstoß gegen eine allgemeine Vorschrift über lichttechnische Einrichtungen	§ 49a Absatz 1 bis 4, 5 Satz 1, Absatz 6, 8, 9	5 €	

1 BKatV Anlage

Bußgeldkatalog-Verordnung

Lfd. Nr.	Tatbestand	Straßenverkehrs-Zulassungs-Ordnung (StVZO)	Regelsatz in Euro (€) Fahrverbot in Monaten	Punkte
		Satz 2, Absatz 9a, 10 Satz 1 § 69a Absatz 3 Nummer 18		
221.2	unter Verstoß gegen das Verbot zum Anbringen anderer als vorgeschriebener oder für zulässig erklärter lichttechnischer Einrichtungen	§ 49a Absatz 1 Satz 1 § 69a Absatz 3 Nummer 18	20 €	
222	Kraftfahrzeug oder Anhänger in Betrieb genommen unter Verstoß gegen eine Vorschrift über			
222.1	Scheinwerfer für Fern- oder Abblendlicht	§ 50 Absatz 1, 2 Satz 1, 6 Halbsatz 2, Satz 7, Absatz 3 Satz 1, 2, Absatz 5, 6 Satz 1, 3, 4, 6, Absatz 6a Satz 2 bis 5, Absatz 9 § 69a Absatz 3 Nummer 18a	15 €	
222.2	Begrenzungsleuchten oder vordere Richtstrahler	§ 51 Absatz 1 Satz 1, 4 bis 6, Absatz 2 Satz 1, 4, Absatz 3 § 69a Absatz 3 Nummer 18b	15 €	
222.3	seitliche Kenntlichmachung oder Umrissleuchten	§ 51a Absatz 1 Satz 1 bis 7, Absatz 3 Satz 1, Absatz 4 Satz 2, Absatz 6 Satz 1, Absatz 7 Satz 1, 3 § 51b Absatz 2 Satz 1, 3, Absatz 5, 6 § 69a Absatz 3 Nummer 18c	15 €	

Bußgeldkatalog-Verordnung **Anlage BKatV 1**

Lfd. Nr.	Tatbestand	Straßenverkehrs-Zulassungs-Ordnung (StVZO)	Regelsatz in Euro (€) Fahrverbot in Monaten	Punkte
222.4	zusätzliche Scheinwerfer oder Leuchten	§ 52 Absatz 1 Satz 2 bis 5, Absatz 2 Satz 2, 3, Absatz 5 Satz 2, Absatz 7 Satz 2, 4, Absatz 9 Satz 2 § 69a Absatz 3 Nummer 18e	15 €	
222.5	Schluss-, Nebelschluss-, Bremsleuchten oder Rückstrahler	§ 53 Absatz 1 Satz 1, 3 bis 5, 7, Absatz 2 Satz 1, 2, 4 bis 6, Absatz 4 Satz 1 bis 4, 6, Absatz 5 Satz 1 bis 3, Absatz 6 Satz 2, Absatz 8, 9 Satz 1, § 53d Absatz 2, 3 § 69a Absatz 3 Nummer 18g, 19c	15 €	
222.6	Warndreieck, Warnleuchte oder Warnblinkanlage	§ 53a Absatz 1, 2 Satz 1, Absatz 3 Satz 2, Absatz 4, 5 § 69a Absatz 3 Nummer 19	15 €	
222.7	Ausrüstung oder Kenntlichmachung von Anbaugeräten oder Hubladebühnen	§ 53b Absatz 1 Satz 1 bis 3, 4 Halbsatz 2, Absatz 2 Satz 1 bis 3, 4 Halbsatz 2, Absatz 3 Satz 1, Absatz 4, 5 § 69a Absatz 3 Nummer 19a	15 €	

89

1 BKatV Anlage — Bußgeldkatalog-Verordnung

Lfd. Nr.	Tatbestand	Straßenverkehrs-Zulassungs-Ordnung (StVZO)	Regelsatz in Euro (€) Fahrverbot in Monaten	Punkte
	Arztschild			
222a	Bescheinigung zur Berechtigung der Führung des Schildes „Arzt Notfalleinsatz" nicht mitgeführt oder zur Prüfung nicht ausgehändigt	§ 52 Absatz 6 Satz 3 § 69a Absatz 5 Nummer 5f	10 €	
	Geschwindigkeitsbegrenzer			
223	Kraftfahrzeug in Betrieb genommen, das nicht mit dem vorgeschriebenen Geschwindigkeitsbegrenzer ausgerüstet war, oder den Geschwindigkeitsbegrenzer auf unzulässige Geschwindigkeit eingestellt oder nicht benutzt, auch wenn es sich um ein ausländisches Kfz handelt	§ 57c Absatz 2, 5 § 31d Absatz 3 § 69a Absatz 3 Nummer 1c, 25b	100 €	1
224	Als Halter die Inbetriebnahme eines Kraftfahrzeugs angeordnet oder zugelassen, das nicht mit dem vorgeschriebenen Geschwindigkeitsbegrenzer ausgerüstet war oder dessen Geschwindigkeitsbegrenzer auf eine unzulässige Geschwindigkeit eingestellt war oder nicht benutzt wurde	§ 31 Absatz 2 i. V. m. § 57c Absatz 2, 5 § 31d Absatz 3 § 69a Absatz 5 Nummer 3	150 €	1
225	Als Halter den Geschwindigkeitsbegrenzer in den vorgeschriebenen Fällen nicht prüfen lassen, wenn seit fällig gewordener Prüfung			
225.1	nicht mehr als ein Monat	§ 57d Absatz 2 Satz 1 § 69a Absatz 5 Nummer 6d	25 €	
225.2	mehr als ein Monat vergangen ist	§ 57d Absatz 2 Satz 1 § 69a Absatz 5 Nummer 6d	40 €	

Bußgeldkatalog-Verordnung **Anlage BKatV 1**

Lfd. Nr.	Tatbestand	Straßenverkehrs-Zulassungs-Ordnung (StVZO)	Regelsatz in Euro (€) Fahrverbot in Monaten	Punkte
226	Bescheinigung über die Prüfung des Geschwindigkeitsbegrenzers nicht mitgeführt oder auf Verlangen nicht ausgehändigt	§ 57 d Absatz 2 Satz 3 § 69 a Absatz 5 Nummer 6 e	10 €	
(227)	(aufgehoben)			
(228)	(aufgehoben)			
	Einrichtungen an Fahrrädern			
229	Fahrrad unter Verstoß gegen eine Vorschrift über die Einrichtungen für Schallzeichen in Betrieb genommen	§ 64 a § 69 a Absatz 4 Nummer 4	15 €	
230	Fahrrad oder Fahrrad mit Beiwagen unter Verstoß gegen eine Vorschrift über nach vorn wirkende Scheinwerfer, Schlussleuchten oder Rückstrahler in Betrieb genommen	§ 67 Absatz 3, Absatz 4 Satz 1, 3 § 69 a Absatz 4 Nummer 8	20 €	
	Ausnahmen			
231	Urkunde über eine Ausnahmegenehmigung nicht mitgeführt	§ 70 Absatz 3 a Satz 1 § 69 a Absatz 5 Nummer 7	10 €	
	Auflagen bei Ausnahmegenehmigungen			
232	Als Fahrzeugführer, ohne Halter zu sein, einer vollziehbaren Auflage einer Ausnahmegenehmigung nicht nachgekommen	§ 71 § 69 a Absatz 5 Nummer 8	15 €	
233	Als Halter einer vollziehbaren Auflage einer Ausnahmegenehmigung nicht nachgekommen	§ 71 § 69 a Absatz 5 Nummer 8	70 €	1
(234 bis 238)	(aufgehoben)			

1 BKatV Anlage

Bußgeldkatalog-Verordnung

Lfd. Nr.	Tatbestand	Ferienreise-Verordnung	Regelsatz in Euro (€), Fahrverbot in Monaten	Punkte
	e) Ferienreise-Verordnung			
239	Kraftfahrzeug trotz eines Verkehrsverbots innerhalb der Verbotszeiten länger als 15 Minuten geführt	§ 1 § 5 Nummer 1	60 €	1
240	Als Halter das Führen eines Kraftfahrzeugs trotz eines Verkehrsverbots innerhalb der Verbotszeiten länger als 15 Minuten zugelassen	§ 1 § 5 Nummer 1	150 €	

Lfd. Nr.	Tatbestand	Straßenverkehrs-gesetz (StVG)	Regelsatz in Euro (€), Fahrverbot in Monaten	Punkte
	B. Zuwiderhandlungen gegen §§ 24a, 24c StVG **0,5-Promille-Grenze**			
241	Kraftfahrzeug geführt mit einer Atemalkoholkonzentration von 0,25 mg/l oder mehr oder mit einer Blutalkoholkonzentration von 0,5 Promille oder mehr oder mit einer Alkoholmenge im Körper, die zu einer solchen Atem- oder Blutalkoholkonzentration führt	§ 24a Absatz 1	500 € **Fahrverbot** **1 Monat**	2
241.1	bei Eintragung von bereits einer Entscheidung nach § 24a StVG, § 316 oder § 315c Absatz 1 Nummer 1 Buchstabe a StGB im Fahreignungsregister		1000 € **Fahrverbot** **3 Monate**	2
241.2	bei Eintragung von bereits mehreren Entscheidungen nach § 24a StVG, § 316 oder § 315c Absatz 1 Nummer 1 Buchstabe a StGB im Fahreignungsregister		1500 € **Fahrverbot** **3 Monate**	2

Bußgeldkatalog-Verordnung **Anlage BKatV 1**

Lfd. Nr.	Tatbestand	Straßenverkehrsgesetz (StVG)	Regelsatz in Euro (€), Fahrverbot in Monaten	Punkte
	Berauschende Mittel			
242	Kraftfahrzeug unter Wirkung eines in der Anlage zu § 24a Absatz 2 StVG genannten berauschenden Mittels geführt	§ 24a Absatz 2 Satz 1 i. V. m. Absatz 3	500 € **Fahrverbot 1 Monat**	2
242.1	bei Eintragung von bereits einer Entscheidung nach § 24a StVG, § 316 oder § 315c Absatz 1 Nummer 1 Buchstabe a StGB im Fahreignungsregister		1000 € **Fahrverbot 3 Monate**	2
242.2	bei Eintragung von bereits mehreren Entscheidungen nach § 24a StVG, § 316 oder § 315c Absatz 1 Nummer 1 Buchstabe a StGB im Fahreignungsregister		1500 € **Fahrverbot 3 Monate**	2
	Alkoholverbot für Fahranfänger und Fahranfängerinnen			
243	In der Probezeit nach § 2a StVG oder vor Vollendung des 21. Lebensjahres als Führer eines Kraftfahrzeugs alkoholische Getränke zu sich genommen oder die Fahrt unter der Wirkung eines solchen Getränks angetreten	§ 24c Absatz 1, 2	250 €	1

1 BKatV Anlage — Bußgeldkatalog-Verordnung

Abschnitt II. Vorsätzlich begangene Ordnungswidrigkeiten

Lfd. Nr.	Tatbestand	StVO	Regelsatz in Euro (€), Fahrverbot in Monaten	Punkte
	Zuwiderhandlungen gegen § 24 StVG			
	a) Straßenverkehrs-Ordnung			
	Bahnübergänge			
244	Beim Führen eines Kraftfahrzeugs Bahnübergang trotz geschlossener Schranke oder Halbschranke überquert	§ 19 Absatz 2 Satz 1 Nummer 3 § 49 Absatz 1 Nummer 19 Buchstabe a	700 € **Fahrverbot 3 Monate**	2
245	Beim zu Fuß gehen, Rad fahren oder als andere nichtmotorisierte am Verkehr teilnehmende Person Bahnübergang trotz geschlossener Schranke oder Halbschranke überquert	§ 19 Absatz 2 Satz 1 Nummer 3 § 49 Absatz 1 Nummer 19 Buchstabe a	350 €	1
	Sonstige Pflichten von Fahrzeugführenden			
246	Mobil- oder Autotelefon verbotswidrig benutzt	§ 23 Absatz 1a § 49 Absatz 1 Nummer 22		
246.1	beim Führen eines Fahrzeugs		60 €	1
246.2	beim Radfahren		25 €	
247	Beim Führen eines Kraftfahrzeugs verbotswidrig ein technisches Gerät zur Feststellung von Verkehrsüberwachungsmaßnahmen betrieben oder betriebsbereit mitgeführt	§ 23 Absatz 1b § 49 Absatz 1 Nummer 22	75 €	1
	Kraftfahrzeugrennen			
248	Beim Führen eines Kraftfahrzeugs an einem Kraftfahrzeugrennen teilgenommen	§ 29 Absatz 1 § 49 Absatz 2 Nummer 5	400 € **Fahrverbot 1 Monat**	2
249	Als Veranstaltender ein Kraftfahrzeugrennen ohne Erlaubnis durchgeführt	§ 29 Absatz 2 Satz 1 § 49 Absatz 2 Nummer 6	500 €	

Bußgeldkatalog-Verordnung **Anlage BKatV 1**

Lfd. Nr.	Tatbestand	StVO	Regelsatz in Euro (€), Fahrverbot in Monaten	Punkte
	Genehmigungs- oder Erlaubnisbescheid			
250	Genehmigungs- oder Erlaubnisbescheid auf Verlangen nicht ausgehändigt	§ 46 Absatz 3 Satz 3 § 49 Absatz 4 Nummer 5	10 €	
	b) Fahrerlaubnis-Verordnung			
	Aushändigen von Führerscheinen und Bescheinigungen			
251	Führerschein, Bescheinigung oder die Übersetzung des ausländischen Führerscheins auf Verlangen nicht ausgehändigt	§ 4 Absatz 2 Satz 2, 3 § 5 Absatz 4 Satz 2, 3 § 48 Absatz 3 Satz 2 § 48 a Absatz 3 Satz 2 § 74 Absatz 4 Satz 2 § 75 Nummer 4 § 75 Nummer 13	10 €	
251 a	Beim begleiteten Fahren ab 17 Jahren ein Kraftfahrzeug der Klasse B oder BE ohne Begleitung geführt	§ 48 a Absatz 2 Satz 1 § 75 Nummer 15	70 €	1
	c) Fahrzeug-Zulassungsverordnung			
	Aushändigen von Fahrzeugpapieren			
252	Die Zulassungsbescheinigung Teil I oder sonstige Bescheinigung auf Verlangen nicht ausgehändigt	§ 4 Absatz 5 Satz 1 § 11 Absatz 5 § 26 Absatz 1 Satz 6 § 48 Nummer 5	10 €	

1 BKatV Anlage

Bußgeldkatalog-Verordnung

Lfd. Nr.	Tatbestand	StVO	Regelsatz in Euro (€), Fahrverbot in Monaten	Punkte
	Betriebsverbot und Beschränkungen			
253	Einem Verbot, ein Fahrzeug in Betrieb zu setzen, zuwidergehandelt oder Beschränkung nicht beachtet	§ 5 Absatz 1 § 48 Nummer 7	70 €	1
	d) Straßenverkehrs-Zulassungs-Ordnung			
	Achslast, Gesamtgewicht, Anhängelast hinter Kraftfahrzeugen			
254	Gegen die Pflicht zur Feststellung der zugelassenen Achslasten oder Gesamtgewichte oder gegen Vorschriften über das Um- oder Entladen bei Überlastung verstoßen	§ 31 c Satz 1, 4 Halbsatz 2 § 69 a Absatz 5 Nummer 4 c	50 €	
	Ausnahmen			
255	Urkunde über eine Ausnahmegenehmigung auf Verlangen nicht ausgehändigt	§ 70 Absatz 3 a Satz 1 § 69 a Absatz 5 Nummer 7	10 €	

Bußgeldkatalog-Verordnung **Anhang BKatV 1**

Anhang
(zu Nummer 11 der Anlage)

Tabelle 1. Geschwindigkeitsüberschreitungen

a) Kraftfahrzeuge der in § 3 Absatz 3 Nummer 2 Buchstaben a oder b StVO genannten Art

Lfd. Nr.	Überschreitung in km/h	Regelsatz in Euro bei Begehung	
		innerhalb	außerhalb
		geschlossener Ortschaften (außer bei Überschreitung für mehr als 5 Minuten Dauer oder in mehr als zwei Fällen nach Fahrtantritt)	
11.1.1	bis 10	20	15
11.1.2	11–15	30	25

Lfd. Nr.	Überschreitung in km/h	Regelsatz in Euro bei Begehung		Fahrverbot in Monaten bei Begehung		Punkte*	
		innerhalb	außerhalb	innerhalb	außerhalb		
		geschlossener Ortschaften		geschlossener Ortschaften			
11.1.3	bis 15 für mehr als 5 Minuten Dauer oder in mehr als zwei Fällen nach Fahrtantritt	80	70	–	–	1	1
11.1.4	16–20	80	70	–	–	1	1
11.1.5	21–25	95	80	–	–	1	1
11.1.6	26–30	140	95	1 Monat	–	2	1
11.1.7	31–40	200	160	1 Monat	1 Monat	2	2
11.1.8	41–50	280	240	2 Monate	1 Monat	2	2
11.1.9	51–60	480	440	3 Monate	2 Monate	2	2
11.1.10	über 60	680	600	3 Monate	3 Monate	2	2

* Erste Punktzahl bei Begehung innerhalb, zweite Punktzahl bei Begehung außerhalb geschlossener Ortschaften.

1 BKatV Anhang — Bußgeldkatalog-Verordnung

b) kennzeichnungspflichtige Kraftfahrzeuge der in Buchstabe a genannten Art mit gefährlichen Gütern oder Kraftomnibusse mit Fahrgästen

Lfd. Nr.	Überschreitung in km/h	Regelsatz in Euro bei Begehung		Punkte*
		innerhalb	außerhalb	
		geschlossener Ortschaften (außer bei Überschreitung für mehr als 5 Minuten Dauer oder in mehr als zwei Fällen nach Fahrtantritt)		
11.2.1	bis 10	35	30	
11.2.2	11–15	60	35	1 | 1

Die nachfolgenden Regelsätze und Fahrverbote gelten auch für die Überschreitung der festgesetzten Höchstgeschwindigkeit bei Sichtweite unter 50 m durch Nebel, Schneefall oder Regen nach Nummer 9.2 der Anlage.

Lfd. Nr.	Überschreitung in km/h	Regelsatz in Euro bei Begehung		Fahrverbot in Monaten bei Begehung		Punkte*
		innerhalb	außerhalb	innerhalb	außerhalb	
		geschlossener Ortschaften		geschlossener Ortschaften		
11.2.3	bis 15 für mehr als 5 Minuten Dauer oder in mehr als zwei Fällen nach Fahrtantritt	160	120	–	–	1 | 1
11.2.4	16–20	160	120	–	–	1 | 1
11.2.5	21–25	200	160	1 Monat	–	2 | 1
11.2.6	26–30	280	240	1 Monat	1 Monat	2 | 2
11.2.7	31–40	360	320	2 Monate	1 Monat	2 | 2
11.2.8	41–50	480	400	3 Monate	2 Monate	2 | 2
11.2.9	51–60	600	560	3 Monate	3 Monate	2 | 2
11.2.10	über 60	760	680	3 Monate	3 Monate	2 | 2

* Erste Punktzahl bei Begehung innerhalb, zweite Punktzahl bei Begehung außerhalb geschlossener Ortschaften.

c) andere als die in Buchstaben a oder b genannten Kraftfahrzeuge

Lfd. Nr.	Überschreitung in km/h	Regelsatz in Euro bei Begehung	
		innerhalb	außerhalb
		geschlossener Ortschaften	
11.3.1	bis 10	15	10
11.3.2	11–15	25	20
11.3.3	16–20	35	30

Die nachfolgenden Regelsätze und Fahrverbote gelten auch für die Überschreitung der festgesetzten Höchstgeschwindigkeit bei Sichtweite unter 50 m durch Nebel, Schneefall oder Regen nach Nummer 9.3 der Anlage.

Lfd. Nr.	Überschreitung in km/h	Regelsatz in Euro bei Begehung		Fahrverbot in Monaten bei Begehung		Punkte*	
		innerhalb	außerhalb	innerhalb	außerhalb		
		geschlossener Ortschaften		geschlossener Ortschaften			
11.3.4	21–35	80	70	–	–	1	1
11.3.5	26–30	100	80	–	–	1	1
11.3.6	31–40	160	120	1 Monat	–	2	1
11.3.7	41–50	200	160	1 Monat	1 Monat	2	2
11.3.8	51–60	280	240	2 Monate	1 Monat	2	2
11.3.9	61–70	480	440	3 Monate	2 Monate	2	2
11.3.10	über 70	680	600	3 Monate	3 Monate	2	2

---

* Erste Punktzahl bei Begehung innerhalb, zweite Punktzahl bei Begehung außerhalb geschlossener Ortschaften.

1 BKatV Anhang

Bußgeldkatalog-Verordnung

Anhang
(zu Nummer 12 der Anlage)

Tabelle 2. Nichteinhalten des Abstandes von einem vorausfahrenden Fahrzeug

Lfd. Nr.		Regelsatz in Euro	Fahrverbot	Punkte
	Der Abstand von einem vorausfahrenden Fahrzeug betrug in Metern			
12.5	a) bei einer Geschwindigkeit von mehr als 80 km/h			
12.5.1	weniger als $^5/_{10}$ des halben Tachowertes ...	75		1
12.5.2	weniger als $^4/_{10}$ des halben Tachowertes ...	100		1
12.5.3	weniger als $^3/_{10}$ des halben Tachowertes ...	160		1
12.5.4	weniger als $^2/_{10}$ des halben Tachowertes ...	240		1
12.5.5	weniger als $^1/_{10}$ des halben Tachowertes ...	320		1
12.6	b) bei einer Geschwindigkeit von mehr als 100 km/h			
12.6.1	weniger als $^5/_{10}$ des halben Tachowertes ...	75		1
12.6.2	weniger als $^4/_{10}$ des halben Tachowertes ...	100		1
12.6.3	weniger als $^3/_{10}$ des halben Tachowertes ...	160	**Fahrverbot 1 Monat**	2
12.6.4	weniger als $^2/_{10}$ des halben Tachowertes ...	240	**Fahrverbot 2 Monate**	2
12.6.5	weniger als $^1/_{10}$ des halben Tachowertes ...	320	**Fahrverbot 3 Monate**	2
12.7	c) bei einer Geschwindigkeit von mehr als 130 km/h			
12.7.1	weniger als $^5/_{10}$ des halben Tachowertes ...	100		1
12.7.2	weniger als $^4/_{10}$ des halben Tachowertes ...	180		1

Bußgeldkatalog-Verordnung **Anhang BKatV 1**

Lfd. Nr.		Regelsatz in Euro	Fahrverbot	Punkte
12.7.3	weniger als $3/10$ des halben Tachowertes ...	240	**Fahrverbot 1 Monat**	2
12.7.4	weniger als $2/10$ des halben Tachowertes ...	320	**Fahrverbot 2 Monate**	2
12.7.5	weniger als $1/10$ des halben Tachowertes ...	400	**Fahrverbot 3 Monate**	2

1 BKatV Anhang

Bußgeldkatalog-Verordnung

Anhang
(zu den Nummern 198 und 199 der Anlage)

Tabelle 3. Überschreiten der zulässigen Achslast oder des zulässigen Gesamtgewichts von Kraftfahrzeugen, Anhängern, Fahrzeugkombinationen sowie der Anhängelast hinter Kraftfahrzeugen

a) bei Kraftfahrzeugen mit einem zulässigen Gesamtgewicht über 7,5 t sowie Kraftfahrzeugen mit Anhängern, deren zulässiges Gesamtgewicht 2 t übersteigt

Lfd. Nr.	Überschreitung in v. H.	Regelsatz in Euro	Punkte
198.1	**für Inbetriebnahme**		
198.1.1	2 bis 5	30	
198.1.2	mehr als 5	80	1
198.1.3	mehr als 10	110	1
198.1.4	mehr als 15	140	1
198.1.5	mehr als 20	190	1
198.1.6	mehr als 25	285	1
198.1.7	mehr als 30	380	1
199.1	**für Anordnen oder Zulassen der Inbetriebnahme**		
199.1.1	2 bis 5	35	
199.1.2	mehr als 5	140	1
199.1.3	mehr als 10	235	1
199.1.4	mehr als 15	285	1
199.1.5	mehr als 20	380	1
199.1.6	mehr als 25	425	1

b) bei anderen Kraftfahrzeugen bis 7,5 t für Inbetriebnahme, Anordnen oder Zulassen der Inbetriebnahme

Lfd. Nr.	Überschreitung in v. H.	Regelsatz in Euro	Punkte
198.2.1 oder 199.2.1	mehr als 5 bis 10	10	
198.2.2 oder 199.2.2	mehr als 10 bis 15	30	
198.2.3 oder 199.2.3	mehr als 15 bis 20	35	
198.2.4 oder 199.2.4	mehr als 20	95	1
198.2.5 oder 199.2.5	mehr als 25	140	1
198.2.6 oder 199.2.6	mehr als 30	235	1

Bußgeldkatalog-Verordnung **Anhang BKatV 1**

Anhang
(zu § 3 Absatz 3)

Tabelle 4. Erhöhung der Regelsätze bei Hinzutreten einer Gefährdung oder Sachbeschädigung

Die im Bußgeldkatalog bestimmten Regelsätze, die einen Betrag von mehr als 55 Euro vorsehen, erhöhen sich beim Hinzutreten einer Gefährdung oder Sachbeschädigung, soweit diese Merkmale nicht bereits im Grundtatbestand enthalten sind, wie folgt:

Bei einem Regelsatz für den Grundtatbestand von Euro	mit Gefährdung auf Euro	mit Sachbeschädigung auf Euro
60	75	90
70	85	105
75	90	110
80	100	120
90	110	135
95	115	140
100	120	145
110	135	165
120	145	175
130	160	195
135	165	200
140	170	205
150	180	220
160	195	235
165	200	240
180	220	265
190	230	280
200	240	290
210	255	310
235	285	345
240	290	350
250	300	360
270	325	390
280	340	410

1 BKatV Anhang — Bußgeldkatalog-Verordnung

Bei einem Regelsatz für den Grundtatbestand von Euro	mit Gefährdung auf Euro	mit Sachbeschädigung auf Euro
285	345	415
290	350	420
320	385	465
350	420	505
360	435	525
380	460	555
400	480	580
405	490	590
425	510	615
440	530	640
480	580	700
500	600	720
560	675	810
570	685	825
600	720	865
635	765	920
680	820	985
700	840	1000
760	915	1000

Enthält der Grundtatbestand bereits eine Gefährdung, führt Sachbeschädigung zu folgender Erhöhung:

Bei einem Regelsatz für den Grundtatbestand von Euro	mit Sachbeschädigung auf Euro
60	75
70	85
75	90
80	100
100	120
150	180

2. Punktbewertung nach dem Punktesystem

Anlage 13
(zu § 40)

Bezeichnung und Bewertung der im Rahmen des Fahreignungs-Bewertungssystems zu berücksichtigenden Straftaten und Ordnungswidrigkeiten

Im Fahreignungsregister sind nachfolgende Entscheidungen zu speichern und im Fahreignungs-Bewertungssystem wie folgt zu bewerten:

1. **mit drei Punkten folgende Straftaten, soweit die Entziehung der Fahrerlaubnis oder eine isolierte Sperre angeordnet worden ist:**

laufende Nummer	Straftat	Vorschriften
1.1	Fahrlässige Tötung	§ 222 StGB
1.2	Fahrlässige Körperverletzung	§ 229 StGB
1.3	Nötigung	§ 240 StGB
1.4	Gefährliche Eingriffe in den Straßenverkehr	§ 315 b StGB
1.5	Gefährdung des Straßenverkehrs	§ 315 c StGB
1.6	Unerlaubtes Entfernen vom Unfallort	§ 142 StGB
1.7	Trunkenheit im Verkehr	§ 316 StGB
1.8	Vollrausch	§ 323 a StGB
1.9	Unterlassene Hilfeleistung	§ 323 c StGB
1.10	Führen oder Anordnen oder Zulassen des Führens eines Kraftfahrzeugs ohne Fahrerlaubnis, trotz Fahrverbots oder trotz Verwahrung, Sicherstellung oder Beschlagnahme des Führerscheins	§ 21 StVG
1.11	Kennzeichenmissbrauch	§ 22 StVG

2 Punktesystem

Anlage 13 zu § 40 FeV

2. mit zwei Punkten

2.1 folgende Straftaten, soweit sie nicht von Nummer 1 erfasst sind:

laufende Nummer	Straftat	Vorschriften
2.1.1	Fahrlässige Tötung, soweit ein Fahrverbot angeordnet worden ist	§ 222 StGB
2.1.2	Fahrlässige Körperverletzung, soweit ein Fahrverbot angeordnet worden ist	§ 229 StGB
2.1.3	Nötigung, soweit ein Fahrverbot angeordnet worden ist	§ 240 StGB
2.1.4	Gefährliche Eingriffe in den Straßenverkehr	§ 315 b StGB
2.1.5	Gefährdung des Straßenverkehrs	§ 315 c StGB
2.1.6	Unerlaubtes Entfernen vom Unfallort	§ 142 StGB
2.1.7	Trunkenheit im Verkehr	§ 316 StGB
2.1.8	Vollrausch, soweit ein Fahrverbot angeordnet worden ist	§ 323 a StGB
2.1.9	Unterlassene Hilfeleistung, soweit ein Fahrverbot angeordnet worden ist	§ 323 c StGB
2.1.10	Führen oder Anordnen oder Zulassen des Führens eines Kraftfahrzeugs ohne Fahrerlaubnis, trotz Fahrverbots oder trotz Verwahrung, Sicherstellung oder Beschlagnahme des Führerscheins	§ 21 StVG
2.1.11	Kennzeichenmissbrauch, soweit ein Fahrverbot angeordnet worden ist	§ 22 StVG

Anlage 13 zu § 40   **Punktesystem 2**

2.2 folgende besonders verkehrssicherheitsbeeinträchtigende Ordnungswidrigkeiten:

laufende Nummer	Ordnungswidrigkeit	laufende Nummer der Anlage zur Bußgeldkatalog-Verordnung (BKat)*
2.2.1	Kraftfahrzeug geführt mit einer Atemalkoholkonzentration von 0,25 mg/l oder mehr oder mit einer Blutalkoholkonzentration von 0,5 Promille oder mehr oder mit einer Alkoholmenge im Körper, die zu einer solchen Atem- oder Blutalkoholkonzentration führt	241, 241.1, 241.2
2.2.2	Kraftfahrzeug unter der Wirkung eines in der Anlage zu § 24a Absatz 2 des Straßenverkehrsgesetzes genannten berauschenden Mittels geführt	242, 242.1, 242.2
2.2.3	Zulässige Höchstgeschwindigkeit überschritten	9.1 bis 9.3, 11.1 bis 11.3 jeweils in Verbindung mit 11.1.6 bis 11.1.10 der Tabelle 1 des Anhangs (11.1.6 nur innerhalb geschlossener Ortschaften), 11.2.5 bis 11.2.10 der Tabelle 1 des Anhangs (11.2.5 nur innerhalb geschlossener Ortschaften) oder 11.3.6 bis 11.3.10 der Tabelle 1 des Anhangs (11.3.6 nur innerhalb geschlossener Ortschaften)

---

* Bußgeldkatalog

2 Punktesystem

Anlage 13 zu § 40 FeV

laufende Nummer	Ordnungswidrigkeit	laufende Nummer der Anlage zur Bußgeldkatalog-Verordnung (BKat)*
2.2.4	Erforderlichen Abstand von einem vorausfahrenden Fahrzeug nicht eingehalten	12.6 in Verbindung mit 12.6.3, 12.6.4 oder 12.6.5 der Tabelle 2 des Anhangs sowie 12.7 in Verbindung mit 12.7.3, 12.7.4 oder 12.7.5 der Tabelle 2 des Anhangs
2.2.5	Überholvorschriften nicht eingehalten	19.1.1, 19.1.2, 21.1, 21.2
2.2.6	Auf der durchgehenden Fahrbahn von Autobahnen oder Kraftfahrstraßen gewendet, rückwärts oder entgegen der Fahrtrichtung gefahren	83.3
2.2.7	Als Fahrzeugführer Bahnübergang unter Verstoß gegen die Wartepflicht oder trotz geschlossener Schranke oder Halbschranke überquert	89 b.2, 244
2.2.8	Als Kraftfahrzeugführer rotes Wechsellichtzeichen oder rotes Dauerlichtzeichen nicht befolgt bei Gefährdung, mit Sachbeschädigung oder bei schon länger als einer Sekunde andauernder Rotphase eines Wechsellichtzeichens	132.1, 132.2, 132.3, 132.3.1, 132.3.2
2.2.9	Als Kraftfahrzeugführer an einem Kraftfahrzeugrennen teilgenommen	248

---

* Bußgeldkatalog

Anlage 13 zu § 40 **Punktesystem 2**

3. mit einem Punkt folgende verkehrssicherheitsbeeinträchtigende Ordnungswidrigkeiten:

3.1 folgende Verstöße gegen die Vorschriften des Straßenverkehrsgesetzes:

laufende Nummer	Verstöße gegen die Vorschriften	laufende Nummer des (BKat)*
3.1.1	des § 24 c des Straßenverkehrsgesetzes	243

3.2 folgende Verstöße gegen die Vorschriften der Straßenverkehrs-Ordnung:

laufende Nummer	Verstöße gegen die Vorschriften über	laufende Nummer des (BKat)
3.2.1	die Straßenbenutzung durch Fahrzeuge	4.1, 4.2, 5 a, 5 a.1, 6
3.2.2	die Geschwindigkeit	8.1, 9, 10, 11 in Verbindung mit 11.1.3, 11.1.4, 11.1.5, 11.1.6 der Tabelle 1 des Anhangs (11.1.6 nur außerhalb geschlossener Ortschaften), 11.2.2, 11.2.3, 11.2.4, 11.2.5 der Tabelle 1 des Anhangs (11.2.2 nur innerhalb, 11.2.5 nur außerhalb geschlossener Ortschaften), 11.3.4, 11.3.5, 11.3.6 der Tabelle 1 des Anhangs (11.3.6 nur außerhalb geschlossener Ortschaften)

---

* Bußgeldkatalog

2 Punktesystem

Anlage 13 zu § 40 FeV

laufende Nummer	Verstöße gegen die Vorschriften über	laufende Nummer des (BKat)*
3.2.3	den Abstand	12.5 in Verbindung mit 12.5.1, 12.5.2, 12.5.3, 12.5.4 oder 12.5.5 der Tabelle 2 des Anhangs, 12.6 in Verbindung mit 12.6.1 oder 12.6.2 der Tabelle 2 des Anhangs, 12.7 in Verbindung mit 12.7.1 oder 12.7.2 der Tabelle 2 des Anhangs, 15
3.2.4	das Überholen	17, 18, 19, 19.1, 153 a, 21, 22
3.2.5	die Vorfahrt	34
3.2.6	das Abbiegen, Wenden und Rückwärtsfahren	39.1, 41, 42.1, 44
3.2.7	Park- oder Halteverbote mit Behinderung von Rettungsfahrzeugen	51 b.3, 53.1
3.2.8	das Liegenbleiben von Fahrzeugen	66
3.2.9	die Beleuchtung	76
3.2.10	die Benutzung von Autobahnen und Kraftfahrstraßen	79, 80.1, 82, 83.1, 83.2, 85, 87 a, 88
3.2.11	das Verhalten an Bahnübergängen	89, 89 a, 89 b.1, 245
3.2.12	das Verhalten an öffentlichen Verkehrsmitteln und Schulbussen	92.1, 92.2, 93, 95.1, 95.2
3.2.13	die Personenbeförderung, die Sicherungspflichten	99.1, 99.2
3.2.14	die Ladung	102.1, 102.1.1, 102.2.1, 104
3.2.15	die sonstigen Pflichten des Fahrzeugführers	108, 246.1, 247

---

* Bußgeldkatalog

Anlage 13 zu § 40 **Punktesystem 2**

laufende Nummer	Verstöße gegen die Vorschriften über	laufende Nummer des (BKat)*
3.2.16	das Verhalten am Fußgängerüberweg	113
3.2.17	die übermäßige Straßenbenutzung	116
3.2.18	Verkehrshindernisse	123
3.2.19	das Verhalten gegenüber Zeichen oder Haltgebot eines Polizeibeamten sowie an Wechsellichtzeichen, Dauerlichtzeichen und Grünpfeil	129, 132, 132a, 132a.1, 132a.2, 132a.3, 132a.3.1, 132a.3.2, 133.1, 133.2, 133.3.1, 133.3.2
3.2.20	Vorschriftzeichen	150, 151.1, 151.2, 152, 152.1
3.2.21	Richtzeichen	157.3, 159b
3.2.22	andere verkehrsrechtliche Anordnungen	164
3.2.23	Auflagen	166

3.3 **folgende Verstöße gegen die Vorschriften der Fahrerlaubnis-Verordnung:**

laufende Nummer	Verstöße gegen die Vorschriften über	laufende Nummer des (BKat)*
3.3.1	die Fahrerlaubnis zur Fahrgastbeförderung	171, 172
3.3.2	das Führen von Kraftfahrzeugen ohne Begleitung	251a

3.4 **folgende Verstöße gegen die Vorschriften der Fahrzeug-Zulassungsverordnung:**

laufende Nummer	Verstöße gegen die Vorschriften über	laufende Nummer des (BKat)
3.4.1	die Zulassung	175
3.4.2	ein Betriebsverbot und Beschränkungen	253

---

* Bußgeldkatalog

2 Punktesystem
Anlage 13 zu § 40 FeV

3.5 folgende Verstöße gegen die Vorschriften der Straßenverkehrs-Zulassungs-Ordnung:

laufende Nummer	Verstöße gegen die Vorschriften über	laufende Nummer des (BKat)*
3.5.1	die Untersuchung der Kraftfahrzeuge und Anhänger	186.1.3, 186.1.4, 186.2.3, 187a
3.5.2	die Verantwortung für den Betrieb der Fahrzeuge	189.1.1, 189.1.2, 189.2.1, 189.2.2, 189.3.1, 189.3.2, 189a.1, 189a.2
3.5.3	die Abmessungen von Fahrzeugen und Fahrzeugkombinationen	192, 193
3.5.4	die Kurvenlaufeigenschaften von Fahrzeugen	195, 196
3.5.5	die Achslast, das Gesamtgewicht, die Anhängelast hinter Kraftfahrzeugen	198 und 199 jeweils in Verbindung mit 198.1.2 bis 198.1.7, 199.1.2 bis 199.1.6, 198.2.4 oder 199.2.4, 198.2.5 oder 199.2.5, 198.2.6 oder 199.2.6 der Tabelle 3 des Anhangs
3.5.6	die Besetzung von Kraftomnibussen	201, 202
3.5.7	Bereifung und Laufflächen	212, 213
3.5.8	die sonstigen Pflichten für den verkehrssicheren Zustand des Fahrzeugs	214.1, 214.2, 214a.1, 214a.2
3.5.9	die Stützlast	217
3.5.10	den Geschwindigkeitsbegrenzer	223, 224
3.5.11	Auflagen	233

---

* Bußgeldkatalog

Anlage 13 zu § 40 **Punktesystem 2**

3.6 folgende Verstöße gegen die Vorschriften der Gefahrgutverordnung Straße, Eisenbahn und Binnenschifffahrt (GGVSEB):

laufende Nummer	Beschreibung der Zuwiderhandlung	gesetzliche Grundlage
3.6.1	Als tatsächlicher Verlader Versandstücke, die gefährliche Güter enthalten, und unverpackte gefährliche Gegenstände nicht durch geeignete Mittel gesichert, die in der Lage sind, die Güter im Fahrzeug oder Container zurückzuhalten, sowie, wenn gefährliche Güter zusammen mit anderen Gütern befördert werden, nicht alle Güter in den Fahrzeugen oder Containern so gesichert oder verpackt, dass das Austreten gefährlicher Güter verhindert wird.	Unterabschnitt 7.5.7.1 ADR i. V. m. § 37 Absatz 1 Nummer 21 Buchstabe a GGVSEB
3.6.2	Als Fahrzeugführer Versandstücke, die gefährliche Güter enthalten, und unverpackte gefährliche Gegenstände nicht durch geeignete Mittel gesichert, die in der Lage sind, die Güter im Fahrzeug oder Container zurückzuhalten, sowie, wenn gefährliche Güter zusammen mit anderen Gütern befördert werden, nicht alle Güter in den Fahrzeugen oder Containern so gesichert oder verpackt, dass das Austreten gefährlicher Güter verhindert wird.	Unterabschnitt 7.5.7.1 ADR i. V. m. § 37 Absatz 1 Nummer 21 Buchstabe a GGVSEB
3.6.3	Als Beförderer und in der Funktion als Halter des Fahrzeugs entgegen § 19 Absatz 2 Nummer 15 GGVSEB dem Fahrzeugführer die erforderliche Ausrüstung zur Durchführung der Ladungssicherung nicht übergeben	Unterabschnitt 7.5.7.1 ADR i. V. m. § 37 Absatz 1 Nummer 6 Buchstabe o GGVSEB

Sachverzeichnis

Die Ziffern verweisen auf die laufende Nummer des Bußgeldkatalogs

Abbiegen 35–43, 44
Abblenden 73
Abblendlicht 74–76
Abbremsen ohne zwingenden Grund 13
Abfahren 96
Abgasbelästigung 117
Abmessungen von Fahrzeugen und Fahrzeugkombinationen 105, 116, 192, 193
Abschleppen von Fahrzeugen 67–69
Abschleppseil(-stange) 216
Absperreinrichtung 163
Abstand zu einem vorausfahrenden Fahrzeug 12–15, 149
Achslast 198–199.2, 142, 254
Alkoholeinwirkung 241
Alkoholverbot für Fahranfänger 243
Ältere Menschen 10
Amtliches Kennzeichen
 s. Kennzeichen an Fahrzeugen
Andreaskreuz s. Bahnübergang
Anfahren vom Fahrbahnrand 47
Anhängelast 198–199.2, 254
Anhänger 194, 215
 s. auch Kraftfahrzeuganhänger
Anhängerschein
 s. Zulassungsbescheinigung Teil I
Anhängerverzeichnis 174
Anschnallpflicht
 s. Sicherheitsgurt
Auflagen der Verwaltungsbehörde 166, 169, 232, 233
Ausfahren 87
Ausländische Kraftfahrzeuge s. Internationaler Kraftfahrzeugverkehr
Ausnahmegenehmigung 166
Ausscheren 22, 30
Außenkanten 188

Aussteigen 64
Autobahn 50, 67, 78, 79, 80, 82, 83, 83.1, 83.2, 83.3, 84, 85, 86, 87, 87 a, 88
Autotelefon 246–247

Bahnübergang 8–8.2, 89–90, 244, 245
Begrenzungsleuchten 222.2
Behinderung 1.2, 25, 33, 36
Beladung s. Ladung
Belästigung 1.1, 117, 118
Beleuchtung 66, 73–77.1
Beleuchtungseinrichtungen 73, 107.4
Berauschende Mittel
 s. Drogeneinwirkung
Bereifung 5 a, 208–213
Beschmutzen der Straße 121
Besetzung des Fahrzeugs 107.1, 107.2, 108
Betrieb der Fahrzeuge, Verantwortung für – 189–189 a.2
Betriebsbeschränkung 175–179 b
Betriebsverbot 175–177, 253
Blinklicht 134, 135
Breite des Fahrzeugs 142
 s. auch Abmessungen
Bremsen 189.2, 214
 s. auch Abbremsen ohne zwingenden Grund
Bremsleuchten 222.5
Busspur s. Sonderfahrstreifen

Dauerlichtzeichen
 s. Rotes Dauerlichtzeichen
Drogeneinwirkung 242, 242.1, 242.2

Sachverzeichnis

Ziffern = lfd. Nr. des BKatV

Einbahnstraße (Z.220) 139
Einfahren 47, 47.1, 49
 s. auch Autobahn/Kraftfahrstraße
Einfahrtverbot *(Z. 267)* 142, 143
Einmündungen *s. Straßenein-
 mündungen*
Einordnen 24, 35, 36
Einsatzfahrzeug 50, 135
Einsatzhorn 134
Ein- und Aussteigen 64
Entstempeln des Kennzeichens 180
Erlaubnisbescheid 167
Erste-Hilfe-Material 191, 206, 207

Fahranfänger, Alkoholverbot 243
Fahrbahn 111, 112
 s. auch Straßenbenutzung
Fahrbahnrand 47
Fahrgastbeförderung 171, 172, 173
Fahrrad 229, 230
Fahrradstraße (Z. 244.1) 140
Fahrstreifenbegrenzung
 (Z. 295, 296) 155
Fahrstreifenwechsel 31
Fahrtenbuch 190
Fahrtrichtung 83, 83.1, 83.2, 83.3,
 138, 139, 155
Fahrtrichtungsanzeiger 29
Fahrzeughalter 189, 193, 196, 199,
 202, 207, 209, 211, 213, 224
Fahrzeugschein
 s. Zulassungsbescheinigung Teil I
Fahrzeugsicherung 65
Feiertag *s. Sonntagsfahrverbot*
FerienreiseVO 239, 240
Fernlicht 74
Feuerlöscher in Kraftomnibussen
 191, 204, 205
Feuerwehrzufahrt 53
Führerschein 168, 170, 251
Fußgänger 86, 111, 112, 130
Fußgängerbereich 141, 144, 146,
 151
Fußgängerüberweg 113, 114

Gefährdung 1.3, 10
Gefahrguttransporter 6, 9.2, 11.2,
 152

Gefährliches Gerät 124
Gegenstände auf der Straße 123
Gegenverkehr 4.1, 137
Gehör 107.1
Gehweg 2
Genehmigungsbescheid 167
Geräuschentwicklung 219, 220 *s.
 auch Lärm*
Gesamtgewicht *s. Achslast*
Geschwindigkeit 8–11.3, 26, 113
 *s. auch Höchstgeschwindigkeit,
 Schrittgeschwindigkeit*
Geschwindigkeitsbegrenzer
 223–226
Gesperrte Straße (Z. 250 ff.) 141
Gewichtsbeschränkungen (Z. 262,
 263) 142
Grünanlage 2
Grünpfeil 131, 133–133.3.2
Grundregeln 1
Grundstück 44, 47, 52
Gurtanlegepflicht *s. Sicherheitsgurt*

Halten 51, 62, 84
Halter *s. Fahrzeughalter*
Haltestellen von öffentlichen
 Verkehrsmitteln/Schulbussen
 91–96.2
Haltgebot eines Polizeibeamten 129
Haltlinie (Z. 294) trotz Rotlicht
 150, 154
Handy *s. Mobiltelefon*
Hauptuntersuchung
 186–187 a
Hilfsbedürftige 10
Höchstgeschwindigkeit 9, 11
Höhe des Fahrzeugs 142
 s. auch Abmessungen

Internationaler Kraftfahrzeugverkehr 185–185 c

Kennzeichen an Fahrzeugen 107.3,
 175–177, 179–185 c
 *s. auch Kurzzeitkennzeichen, Rotes
 Kennzeichen, Saisonkennzeichen,
 Versicherungskennzeichen*
Kinder 10, 98, 99

Ziffern = lfd. Nr. des BKatV

Sachverzeichnis

Kindersicherung 98, 99
Kindersitze 203–203.2
Kraftfahrstraße 4.2, 11, 50, 78, 79, 80, 81, 82, 83, 83.1, 83.2, 83.3, 84, 85, 86, 87, 88
Kraftfahrzeuganhänger 57
Kraftfahrzeugrennen 248, 249
Kraftfahrzeugschein *s. Fahrzeugschein*
Kraftomnibus *s. Linienomnibus, Omnibus*
Kraftrad 69, 74, 97, 99, 101, 141.2
Kreisverkehr 139
Kreuzung *s. Straßenkreuzung*
Kuppe 11
Kurve 11
Kurvenlaufeigenschaften von Kraftfahrzeugen 195, 196
Kurzzeitkennzeichen 181–182
 s. auch Kennzeichen an Fahrzeugen

Ladeeinrichtung 102, 103
Ladung 102, 103, 105, 107.2, 108
Länge von Fahrzeugen und Zügen 142
Lärm 103, 117
 s. auch Geräuschentwicklung
Laufflächen *s. Bereifung*
Lenkeinrichtungen 189.2, 214
Leuchtzeichen 70
Licht *s. Beleuchtung*
Lichthupe 70
Lichttechnische Einrichtungen 221, 222
Lichtzeichenanlage 165
Liegengebliebenes Fahrzeug 66
Linienomnibus 71, 91–96, 147
Linksabbiegen 28, 36, 38, 42
Luftverunreinigungen 153

M+S-Reifen 5a
Mängelbeseitigung 187
Mängel des Fahrzeugs 110
Martinshorn *s. Einsatzhorn*
Meldepflichten 180
Mobiltelefon 246–247
Mofa 210, 211
Mofafahrer 7

Nebel 8, 9, 21, 75, 76
 s. auch Gefahrguttransporter
Nebelscheinwerfer 73, 221, 222.4
Nebelschlussleuchte 73, 222.5

Omnibus 9.2, 11.2, 201, 202, 204, 205, 206.1, 207.1
 s. auch Linienomnibus/Schulbus

Parken 51–63, 85, 144, 156, 159
Parklücke 1.5, 61
Parkscheibe 63
Parkschein 63
Parkuhr 63
Parkzeit 63
Personenbeförderung 97, 201, 202
Polizeibeamte 128, 129
Polizeifahrzeug *s. Einsatzfahrzeug*
Probefahrten 181, 183
Prüfungsfahrten 181, 183

Radfahrer 3.4, 7, 38, 132a–132a.3.2, 139.2, 141.4, 143
Radweg 7, 52, 140
Rechtsabbiegen mit Grünpfeil
 s. Grünpfeil
Rechtsfahrgebot 3, 4
Rechtsüberholen 16, 17
Regen 9, 21, 75, 76
 s. auch Gefahrguttransporter
Reifen *s. Bereifung*
Reitweg 140
Rennveranstaltungen mit Kfz 248, 249
Rettungsfahrzeug 53.1
Richtzeichen 157 ff.
Rotes Kennzeichen 181
Rotes Dauerlicht 51.2, 52
Rotes Wechsellichtzeichen 130, 132–132.3.2
Rückstrahler 222.5, 230
Rückwärtsfahren 44, 83, 83.1, 83.2, 83.3

Saisonkennzeichen 175
 s. auch Kennzeichen an Fahrzeugen
Schädigung anderer 1.4
Schalldämpferanlage 219

117

Sachverzeichnis

Ziffern = lfd. Nr. des BKatV

Schallzeichen 70
Schallzeicheneinrichtungen an Fahrrädern 229
Scheinwerfer 221, 222.1, 222.4
Schienenfahrzeug 5, 36, 59, 60, 89
Schleppen von Fahrzeugen 197
Schlussleuchten 222.5
Schneefall 9, 21, 75, 76
  s. auch Gefahrguttransporter
Schrittgeschwindigkeit 91, 92, 94, 95, 146, 157.1
Schulbus 71, 91–96
Schutzhelm 99, 101
Schutzstreifen für den Radverkehr 54 a
Schwerbehinderten-Parkplatz 55
Seitenabstand 23
Seitenstreifen 2, 88
  s. auch Autobahn/Kraftfahrstraße
Sicherheitsabstand 12, 14, 15
Sicherheitsgurt 100
Sicherheitsprüfung 186, 187
Sicherung des Fahrzeugs 65, 102.1, 103
  s. auch Liegengebliebenes Fahrzeug
Sicherungspflicht von Kindern 98, 99
Sichtbeeinträchtigung 107.1
  s. a. Nebel, Regen, Schneefall
Smog 153
Sonderfahrstreifen (Z. 245) 147
Sonderweg 140
  s. auch Radweg
Sonntagsfahrverbot für Lkw 119, 120
Sperrfläche (Z. 298) 155, 156
Standlicht 74
Standortänderung 180
Stockender Verkehr 49, 50
Stopp-Schild (Z. 206) 136, 150
Straßenbahn 91, 92
Straßeneinmündungen 8, 49
Straßenkreuzungen 8, 49
Straßenrennen mit Kraftfahrzeugen 115
Stützlast 217
Suchscheinwerfer 73, 222.4

Teilnahme am Straßenverkehr
  s. Zulassung
TÜV s. Hauptuntersuchung/ Sicherheitsprüfung

Überführungsfahrten
  s. Probefahrten
Überholen 16–28.1, 93, 113, 155.2, 160, 162
Übermäßige Straßenbenutzung 115, 116
Umrissleuchten 222.4
Unfall s. Verkehrsunfall
Unterfahrschutz 194
Unterlegkeile 191

Veranstaltungen auf öffentlichen Straßen 115
Verbandskasten
  s. Erste-Hilfe-Material
Verbindungen von Fahrzeugen 189.2, 214
Verengte Fahrbahn (Z. 208) 137
Verkehrsberuhigter Bereich 157, 159
Verkehrshindernisse auf der Straße 121–124
Verkehrsinsel 2
Verkehrskontrolle
  s. Polizeibeamte
Verkehrsunfall 125, 126
Verkehrsunsicheres Fahrzeug 107.2, 108, 189.2, 189.3, 189 a
Verkehrsverbote (Z. 250 ff.) 141–144, 148, 149, 152, 153
Verschmutzte Beleuchtungseinrichtungen 73
Versicherungskennzeichen 184
Verwertungsnachweis 180, 180 a
Vorbeifahren 30, 91, 92, 94, 95
Vorbeifahrtzeichen (Z. 222) 138
Vorfahrt 32–34, 82
  s. auch Stopp-Schild
Vorsätzliche Ordnungswidrigkeiten 244–255
Vorschriftzeichen 136 ff.

Warnblinklicht 66, 68, 71, 72, 222.6

Ziffern = lfd. Nr. des BKatV

Sachverzeichnis

Warndreieck/Warnleuchte 191, 222.6
Warnkleidung 127
Warnzeichen 70–72
Wartepflicht 89, 90, 113
Wechsellichtzeichen
  s. *Rotes Wechsellichtzeichen*
Weisungen eines Polizeibeamten 128
Wendeverbot (Z. 272) 148

Wenden 83, 83.1, 83.2, 83.3, 44
Winterreifen 5 a
Wohnwagen 57, 97

Zeichen eines Polizeibeamten 129
Zulassung 175–177
Zulassungsbescheinigung Teil I 174, 252